Wolfgang und Marco Kawollek

Nachwuchs im Garten

Pflanzen vermehren leicht gemacht

111 Farbfotos
8 Zeichnungen

Ulmer

Vorwort

Sicher ist es am einfachsten, sich bereits „fertige" Pflanzen für das Zimmer, den Balkon, für Pflanztröge oder den Garten vom Gärtner, aus dem Blumenladen oder dem Gartencenter zu beschaffen. Interessanter ist es aber, seine Pflanzen selbst heranzuziehen. Zumal man etwas ausgefallenere Pflanzenarten oder Sorten häufig nur durch eigene Vermehrung erhält. So gibt es eine viel größere Auswahl an Sämereien als an fertigen Pflanzen.

Natürlich bereitet das Vermehren sehr viel Mühe, doch wird man belohnt durch die Gewissheit, selbst etwas geschaffen zu haben. Außerdem ist es hochinteressant, das Wachstum und die Entwicklung vom Sämling oder Steckling bis zur blühenden Pflanze zu erleben.

In diesem Buch wollen wir Ihnen zeigen, welche Vermehrungsmethoden es überhaupt gibt und wie Sie dabei genau vorgehen können. Außerdem möchten wir Ihnen gern für mehr als 550 verschiedene Gehölze, Stauden, Balkon- und Zimmerpflanzen die jeweils erfolgversprechendste Vermehrungsart empfehlen.

Viel Spaß beim Ausprobieren wünschen
Wolfgang und Marco Kawollek

Inhalt

Pflanzen vermehren leicht gemacht 5
Alles was man zum Vermehren braucht 6
Durch Samen vermehren 13
Vegetativ vermehren 26

Vermehrung unterschiedlicher Pflanzen 33
Bäume und Sträucher vermehren 34
Stauden vermehren 65
Sommerblumen vermehren 100
Zimmerpflanzen sowie Balkon- und Kübelpflanzen vermehren 110
Gemüse und Kräuter vermehren 154

Service 171
Weiterführende Literatur 172
Bildquellen 172
Register 173

Pflanzen vermehren leicht gemacht

Alles was man zum Vermehren braucht

Der Gärtner unterscheidet zwischen der Vermehrung aus Samen, auch als Aussaatvermehrung oder generative bzw. geschlechtliche Vermehrung bezeichnet, und der vegetativen oder ungeschlechtlichen Vermehrung durch von der Pflanze abgetrennte Pflanzenteile, die sich nach Loslösung von der Mutterpflanze zu einer eigenständigen Pflanze entwickeln.

Welche Vermehrungsart man wählt, ob Aussaatvermehrung oder eine der vegetativen Vermehrungsmethoden, hängt von vielen Faktoren ab. Dabei spielt es eine Rolle, welche räumlichen Möglichkeiten und Werkzeuge dem Hobbygärtner zur Verfügung stehen. Ist zum Beispiel ein kleines Gewächshaus im Garten vorhanden? Insbesondere muss aber in Betracht gezogen werden, welche Vermehrungsart für diese oder jene Pflanzenart oder Sorte am vorteilhaftesten anzuwenden ist, und welche die kräftigsten und gesündesten Pflanzen liefert.

Manche Pflanzen kann man in der Regel ohne besondere Einrichtungen bzw. Behälter erfolgreich vermehren. So genügt für viele Zimmerpflanzen ein heller Fensterplatz oder für Ge-

Das Angebot an Anzuchtgefäßen ist vielfältig.

hölze ein geschützter Platz im Garten, um sie durch Aussaat zu vermehren. Bei anderen Pflanzen oder auch Vermehrungsmethoden wie der Stecklingsvermehrung kommt man nicht ohne solche aus.

Von der Fensterbank bis zum Kleingewächshaus

Kann ich die ausgesäten Pflänzchen einfach auf dem Fensterbrett ziehen bis sie groß genug sind und an ihren endgültigen Standort kommen? Brauche ich ein Zimmergewächshaus?

In diesem Abschnitt erfahren Sie die Vor- und Nachteile von Fensterbank, Gewächshaus und Co.

Auf dem Fensterbrett

Das Fensterbrett als Standort der Vermehrung stellt eigentlich ein Notbehelf dar, obwohl mit etwas Geschick und Erfahrung auch hier ausgezeichnete Erfolge erzielt werden können. Wegen der günstigen Lichtverhältnisse ist ein helles und sonniges Südfenster am besten geeignet.

Ein keimungs- bzw. bewurzelungsförderndes Kleinklima lässt sich je nach Art und Umfang der Vermehrung durch verschiedene Hilfsmittel erzielen, beispielsweise durch das „Überbauen“ mit Folie oder durch den Einsatz von Anzucht- und Zimmergewächshäusern.

Wintergarten und Kleingewächshaus

Der Traum eines jeden Hobbygärtners ist ein Wintergarten oder Kleingewächshaus mit den entsprechenden technischen Einrichtungen, mit denen die Wachstumsfaktoren Luft, Licht und Wärme optimal geregelt werden können, so dass die für das erfolgreiche Vermehren von Pflanzen so wichtigen Standortbedingungen ohne Probleme geschaffen werden können.

Kleingewächshäuser sind ideal für die Vermehrung.

Zimmergewächshaus

Treibkistchen, Anzuchtkästen, Anzuchtgewächshäuser, Mini-Treibhäuser oder Saatzuchtbeete eignen sich als Zimmergewächshäuser. Diese Vermehrungseinrichtungen werden in den unterschiedlichsten Größen und Ausführungen von zahlreichen Herstellern angeboten.

Wer nur hin und wieder Pflanzen vermehrt, dem reichen die einfacheren Ausführungen. Dies gilt insbesondere für Aussaaten. Wer allerdings eine Vermehrung über Stecklinge intensiv betreiben will, sollte auf beheizbare und mit großer lichter Höhe ausgestattete Zimmergewächshäuser zurückgreifen. Sie sind in der Anschaffung nicht ganz billig, doch lohnt sich diese Investition auf Dauer.

Frühbeet

Für Sommerblumen, zweijährige Pflanzen, Stauden, Gehölze und Gemüse sind Frühbeete ideal für die Vermehrung und Anzucht. Frühbeetkästen lassen sich in ihrer einfachsten Form leicht selbst bauen. Man benötigt dazu einige stabile Bretter für die Wandungen und Pfosten, die für die Verankerung im Boden sorgen.

Passende Gefäße für die Vermehrung

Dem Gärtner und Hobbygärtner stehen eine Vielzahl geeigneter Gefäße aus verschiedenen Materialien, in vielen Abmessungen und verschiedenen Formen zur Verfügung. Bei den zum Aussäen, Stecken, Pikieren und Topfen verwendeten Behälter spielen die hygienischen Eigenschaften eine wichtige Rolle. Die Materialien sollten pilzlichen Schaderregern und anderen Krankheitserregern keinen Nährboden liefern. Daher haben heute die modernen Kunststoffe die früher häufig gebräuchlichen Holz- und Tongefäße weitgehend verdrängt. Um die Kosten so niedrig wie möglich zu halten, sind auch einfache Behälter aus dem Haushalt als Aussaatgefäße geeignet, wie beispielsweise gesäuberte Joghurtbecher, Eisverpackungen oder auch Diakästen.

Saatkistchen

Speziell für Aussaaten werden im Handel Saatkisten aus Styropor in verschiedenen Größen angeboten. Sie haben wärmedämmende Wirkung und verhindern bis zu einem gewissen Grad den sogenannten „kalten Fuß“. Ebenso finden sich im Handel Saatkistchen aus Kunststoff.

Handkisten

Unter der Bezeichnung Handkiste sind eine Reihe von Gefäßen mit vielseitigem Verwendungszweck auf dem Markt. So zur Aussaat, zum Pikieren, als Stecklingsgefäß und zum Pflanzentransport. Bei der Anschaffung sollte man darauf achten, dass diese aus PVC sind, einem dauerhaften, formstabilen Kunststoff.

Multizellenplatten

Als Multizellen- bzw. Multitopfplatten werden Vermehrungsgefäße in Plattenform bezeichnet, die aus gleich großen, zusammengefassten „Einzeltöpfen“, den sogenannten Zellen,

Der Handel bietet Saatkistchen in unterschiedlichen Größen und Ausführungen an.

Einwegtöpfe wie Jiffy-Pots werden später mit eingepflanzt.

bestehen. Jeder Pflanze steht ein abgegrenzter durchwurzelbarer Raum zur Verfügung. Es entfällt das Auseinanderreißen der Wurzeln, der Verpflanzschock wird somit auf ein Minimum reduziert.

Einwegtöpfe

Am weitesten sind Torftöpfe verbreitet, die als Pikier-, Steck- und Topfgefäß für Zierpflanzen, Gehölze und Gemüsepflanzen verwendet werden. Unter dem Produktnamen „Jiffy-Pot" sind diese Torftöpfe in runder oder quadratischer Form in verschiedenen Größen erhältlich. Nach ausreichender Wurzelbildung werden die Pflanzen mit den Torftöpfen ausgepflanzt oder in größere Töpfe gesetzt.

Dem praktischen Prinzip des „Jiffy-Pot" nachempfunden sind die auspflanzbaren oder kompostierbaren Recycling-Töpfe. Diese bestehen aus Altpapier, Kork, Holzspänen, Wellpappe oder Kokosfasern.

Werkzeuge und Geräte

Für die verschiedenen Vermehrungsarbeiten gibt es eine Vielzahl von Werkzeugen und Geräten, die für die Arbeiten notwendig sind oder diese erheblich erleichtern.

Siebe

Zum Reinigen von Samen und zum gleichmäßigen Ausbringen des Substrats auf den Aussaaten benötigt man Siebe. Gut geeignet sind Tee- und Mehlsiebe, wie man sie in der Küche verwendet. Im Gartenbaubedarfs- und Baustoffhandel werden spezielle, runde oder quadratische Erd- oder Sandsiebe in verschiedenen Größen und mit unterschiedlichen Maschenweiten angeboten.

Andrückbrettchen

Dies ist ein Holzbrett mit Griff, das man zum Glätten und Andrücken der Aussaaten benötigt. Wichtig ist, dass die Unterseite des Brettchens glatt ist, damit Samen und Erdkrümel nicht hängenbleiben. Ein derartiges Andrückbrettchen kann man leicht selber anfertigen.

Pikierstab

Einen Pikierstab benötigt man, um für Sämlinge und Stecklinge kleine Löcher vorzustechen, in die sie eingesetzt (pikiert) werden, aber auch, um Sämlinge aus dem Aussaatgefäß herauszunehmen. Im Handel werden runde Pikierstäbe aus Kunststoff angeboten, die auf der einen Seite einen größeren Durchmesser aufweisen und für robuste Sämlinge geeignet sind. Flache, spatelförmige Pikierstäbe aus Metall lassen sich ebenfalls gut einsetzen. Daneben werden auch an der Spitze abgerundete Holzetiketten oder ähnliche Hölzchen verwendet. Für feine Sämlinge sind Pinzetten oder kleine Holzgäbelchen zu empfehlen.

Feinsprüher

Insbesondere für feine Sämereien benötigt man zum Befeuchten Feinsprühgeräte, um ein Abschwemmen der Samen zu vermeiden. Sie lassen sich außerdem gut zur Schädlingsbekämpfung und zur Blattdüngung einsetzen. Im Handel werden solche Feinsprühgeräte mit unterschiedlichem Behälterinhalt von 0,5–2 l angeboten.

Gießkannen

Zweckmäßig ist eine Kanne mit 2–5 l Inhalt. Zu den Kannen gibt es aufsteckbare Brausen mit feinen (Haarbrausen) und groblöcherigen (Topfbrausen) Siebeinsätzen. Feine

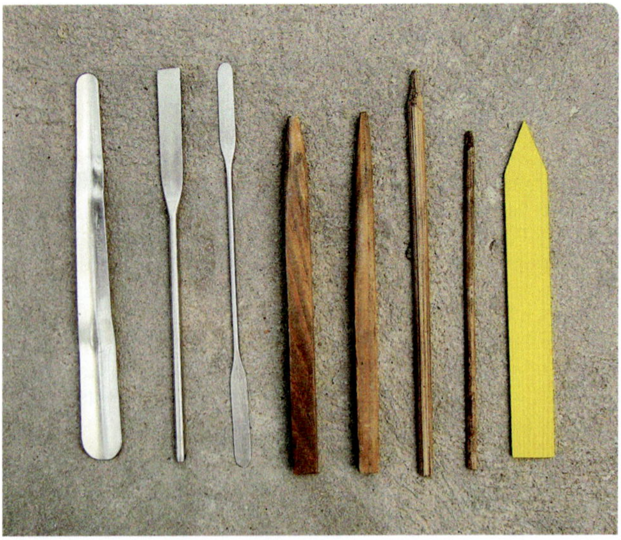

Pikierstäbe gibt es in vielen Ausführungen.

Aussaaten sollten immer mit einer nach oben gerichteten Haarbrause angegossen werden. Die nach oben gerichtete Brause gibt einen ganz feinen, sanften Sprühstrahl frei, die nach unten gerichtete Brause einen festeren, kräftigeren „Regen“. Ein harter Wasserstrahl würde feine Samen wegschwemmen.

Messer

Für die Vermehrung durch Stecklinge benötigt man Messer. Generell können Sie jedes beliebige, scharfe Messer, aber ohne Wellenschliff, verwenden.

Scheren

Baumscheren, landläufig als Rosenscheren bezeichnet, sind Scheren mit

Die folgende Tabelle gibt Auskunft über die wichtigsten Substrate und Erden.
+ Das Substrat ist für die jeweilige Vermehrungsmethode geeignet.
(+) Das Substrat ist für die jeweilige Vermehrungsmethode nur bedingt geeignet.

	Torf-Sand-Gemisch	Perlite*	Anzucht-erden**	Jiffy
Gehölze				
Aussaat			+	
Stecklinge	+		+	+
Jungpflanzen			+	
Stauden, Sommerblumen				
Aussaat			+	(+)
Stecklinge	+	(+)	+	+
Jungpflanzen			+	
Zimmerpflanzen				
Aussaat			+	(+)
Stecklinge	+	(+)	(+)	+
Jungpflanzen			+	(+)
Kakteen und andere Sukkulenten				
Aussaat			+	
Stecklinge	+	(+)	(+)	
Jungpflanzen	+	(+)	(+)	

* Perlite für die Pflanzenvermehrung ist unter verschiedenen Produktnamen im Handel, beispielsweise Vulkaperl.

** Unter Anzuchterden werden Erden verschiedener Hersteller zusammengefasst, die speziell auf die Pflanzenvermehrung abgestimmt sind. Hauptbestandteil ist oft Torf. Zuschlagstoffe können Ton und andere, die Eigenschaften verbessernde Bestandteile sein. Der Nährstoffanteil ist gering.

zwei Schneiden oder einer gegen ein Widerlager arbeitenden Schneide. Man benötigt sie bei der Vermehrung vor allem zum Schneiden von Steckhölzern sowie zum Zerschneiden von Wurzelballen und Wurzeln, um Wurzelschnittlinge zu gewinnen.

Stecklings-, Blumen- oder Ausputzscheren sind zweischneidige Scheren mit schmalen, langen Schneiden, ähnlich den Papierscheren. Im Rahmen der Vermehrung sind sie ideal zum Schneiden von krautigen oder leicht verholzten Stecklingen. Jeder Ungeübte im Stecklingsschnitt kommt mit einer Schere besser zurecht als mit einem Messer.

Substrate

Ein Substrat für die Vermehrung muss eine gute Struktur aufweisen, das bedeutet ein hohes Porenvolumen besitzen und selbst bei Wassersättigung noch einen ausreichenden Luftaustausch gewährleisten. Es muss nährstoffarm, jedoch nicht nährstofffrei, und aufgrund der Anfälligkeit der Keimlinge und Stecklinge für Krankheiten weitgehend keimfrei sein. Je nährstoffreicher ein Vermehrungssubstrat ist, desto schlechter bewurzeln die Sämlinge oder Stecklinge. Da normale Blumenerden, wie sie im Handel angeboten werden, relativ nährstoffreich sind, sind sie nicht für die Vermehrung geeignet. Spezielle Stecklings- oder Vermehrungssubstrate, die von verschiedenen Herstellern angeboten werden, erfüllen dagegen die genannten Anforderungen.

Durch Samen vermehren

Die Aussaatvermehrung ist die natürlichste und in vielen Fällen die zur Erhaltung der Arten allein zulässige (bei Wildstauden und Wildgehölzen) oder überhaupt mögliche Vermehrungsmethode (bei den einjährigen Pflanzenarten).

Der Kauf von Samen steht sicherlich an erster Stelle, wenn es um die Beschaffung von Saatgut für die Aussaat geht. Möchte man bestimmte Kulturformen vermehren, ist man meist auch auf die Sämereien von Züchtern angewiesen. Möchte man bei Gehölzen und Stauden die ursprüngliche Art vermehren und nicht eine der vielen Kulturformen, spricht ein wesentlicher Punkt für die eigene Samenernte: Die Samen stammen dann von Pflanzen, die unseren Klimaverhältnissen angepasst sind. Darüber hinaus ist es aufgrund der zu erwartenden Variabilität der Sämlinge hochinteressant, eigene Samen zu ernten und auszusäen.

Hier bekommen Sie die Samen

Für die Samenbeschaffung gibt es verschiedene Möglichkeiten:
Der Kauf von Saatgut im einschlägigen Samenhandel.
Der Tausch von Saatgut mit anderen Gartenfreunden (verschieden Pflanzenliebhabergesellschaften bieten in Tauschbörsen Samen an).
Bei tropischen und subtropischen Arten hat man die Möglichkeit, bei Urlaubsreisen Samen an natürlichen Pflanzenstandorten zu sammeln. Dabei sind allerdings artenschutzrechtliche und zollrechtliche Bestimmungen zu beachten.
Von bei uns heimischen Pflanzenarten kann man Samen in der freien Natur sammeln, wobei selbstverständlich die Naturschutzgesetze zu beachten sind.
Oder man bittet in Parks und sonstigen öffentlichen Anlagen um eine Erlaubnis zum Samenernten.

Samen ernten, aufbereiten und lagern

Bei der Ernte sollte man grundsätzlich versuchen, die Frucht mit den Samen so lange wie möglich an der stehenden Pflanze ausreifen oder an der geschnittenen Pflanze nachreifen und trocknen zu lassen. Auf diese Wiese ist eine bestmögliche Ausbildung der Samen gewährleistet.

Erntezeitpunkt

Grundsätzlich sollten die Früchte bzw. Samen bei der Ernte äußerlich trocken sein. Daher erntet man nie in den frühen Morgenstunden, wenn noch Tau auf den Fruchtständen liegt.

Reifemerkmale

Es ist nicht immer leicht, den richtigen Reifegrad der Früchte und Samen zu bestimmen. Leider ist es auch nicht möglich, die Reifemerkmale allgemeingültig zu beschreiben. Bei einiger Aufmerksamkeit werden Sie sich aber sehr bald die nötigen Kenntnisse für den optimalen Zeitpunkt zur Samenernte angeeignet haben. Sie werden dann erkennen, wie die Frucht gefärbt oder beschaffen sein muss, wenn die Samen reif sind.

Wichtige Merkmale bei der Bestimmung des Erntezeitpunkts ist Färbung der Früchte und Kapseln sowie der Fruchtstände. Bei Pflanzen mit trockenen Früchten geht die Farbe erst ins Grünlich-Gelbe, später ins Gelbe oder Braune über. Bei den *Asteraceae* (Korbblütlern) zeigt das Vertrocknen der Hüllblätter die Reife des Samens an. Samen in trockenen Früchten kann man in der Regel lange an der Mutterpflanze belassen. Aber Vorsicht! Es gibt Pflanzenarten, bei denen die Samen von einem Tag auf den anderen wegspringen können, wie z. B. bei staudigen *Euphorbia*-Arten. Hier kann man den Verlust der Samen verhindern, indem man die reifenden Früchte mit Watte abdeckt, in der sich die reifen Samen verfangen können.

Bei Arten mit fleischigen Früchten sollten die Früchte vor der Samengewinnung voll ausgereift sein, wobei es nicht entscheidend ist, ob diese Vollreife an der Pflanze oder an der bereits geernteten Frucht auftritt. Letzteres gilt u. a. für Gurke, Kürbis, Melone, Paprika und Tomate. Bei diesen Arten reifen die Früchte vollständig nach, wenn die Reifefärbung bei der Ernte schon ein fortgeschrittenes Stadium erreicht hat. Bei Sammelfrüchten wie Erdbeeren muss die Frucht an der Pflanze ausreifen, also vollkommen gerötet sein.

Locker sitzende Samen lassen sich zum Teil sehr gut mit Hilfe eines Autostaubsaugers oder eines Tischstaubsaugers aus den Fruchtständen absaugen. Insbesondere Samen mit fedrigen Anhängseln, z. B. die Samen (sog. Achänen) der *Asteraceae* (Korbblütler) lassen sich auf diese Art und Weise gut ernten. Bei vielen Baumsamen kann man das Abfallen der vollreifen Früchte oder Samen abwarten, um sie dann an Ort und Stelle aufzusammeln. Auf der anderen Seite sind manche Gehölzsamen vor der sogenannten Vollreife zu ernten, da sonst die Samen nicht oder nur stark verzögert keimen.

Besondere Aufmerksamkeit erfordert die Ernte der Samen von Nadelgehölzen. So fallen die Zapfen bei Tannen bei Vollreife auseinander und geben die Samen frei. Ähnlich ist es auch bei Fichten und Kiefern. Bei diesen öffnen sich die Zapfen bei sonnigem Wetter und entlassen die Samen, ohne dass der Zapfen auseinanderfällt. Die Samen müssen daher unbedingt vor der Vollreife geerntet werden.

Generell muss man darauf achten, dass die Samen oder Früchte nicht schon vor der Ernte von Tieren gefressen werden.

Samen reinigen

Da Reste der fleischigen Frucht oder Kapsel, Stängelteile und Erdreste häufig Träger von unerwünschten Pilzkrankheiten sind, muss das Saatgut gereinigt werden.

Fleischige Früchte

Saftreiche und fleischige Früchte wie Kirsche, Pflaume, Beerenfrüchte und andere werden in Gefäßen aus Kunststoff, Porzellan oder Steingut zerrieben bzw. zerstampft und anschließend mit etwas Wasser übergossen. Nun lässt man das Ganze leicht rotten und angären. Das Fruchtfleisch wird dabei mürbe und kann schon bald einfach unter fließendem Wasser über feinmaschigem Siebgewebe ausgewaschen werden.

Beim Gärungsprozess darf es aber nicht zu einer abgeschlossenen Gärung mit hoher Temperaturentwicklung kommen, da hierdurch die Samen geschädigt würden.

Auf ähnliche Weise gewinnt man auch die Samen von Tomaten- und Gurkenpflanzen. Bei Gurkenfrüchten schabt man die Samen zusammen mit den Einbettungsgewebe heraus, Tomatenfrüchte werden zerdrückt. Danach lässt man das Ganze angären. Nach wiederholtem Umrühren der Maische setzen sich die schweren Samen schlussendlich am Boden der Gefäße ab. Nach vorsichtigem Abgießen der schwimmenden Bestandteile können diese dann leicht gesäubert gewonnen und durch Trocknen lagerfähig gemacht werden.

Paprikasamen schneidet man aus den vollreifen Früchten mit dem Mutterkuchen (Plazenta = Teil des Fruchtblattes, an dem die Samenanlagen angeheftet sind) heraus, reibt sie von diesem ab und trocknet sie anschließend. Ebenso lassen sich die Samen von Kernobst, beispielsweise Äpfeln und Birnen, gewinnen.

Bei fleischigen Früchten kann der Samen nach dem Angären durch Auswaschen auf einem Sieb vom Fruchtfleisch getrennt werden.

Feinreinigung der Samen mit Hilfe eines Papierblattes.

Trockene Früchte

Die Fruchtstände werden über Papier oder Stoff vorsichtig ausgeklopft und die Pflanzenreste zur weiteren Nachreife liegen gelassen. Können die Samen auf diese Weise nicht herausgelöst werden, so legt man die trockenen Früchte auf ein Brett, wo sie mit einem Nudelholz oder einem Gummihammer zerkleinert werden. Die weitergehende Reinigung erfolgt dann mit Hilfe von Sieben, die es in verschiedenen Maschengrößen gibt.

Für sehr feinkörnige Samen benutzt man neben feinmaschigen Sieben (Teesiebe sind hier gut geeignet) am besten runde Gefäße aus rostfreiem Stahl mit glatten Innenwänden. Sie gestatten es leichtere Fremdkörper, aber auch leichte Samen zu entfernen, indem man die Gefäße leicht schwingt und gleichzeitig alles Unerwünschte ausbläst. Man kann aber auch die zu reinigende Mischung zwischen zwei Finger nehmen, etwa 20 cm über die Schüssel heben und gegen das herabfallende Gemenge blasen. Bei richtig dosierter Luftmenge wird der feine Staub weggeblasen, und der schwere Samen fällt in die Schüssel. Dies wird so oft wiederholt, bis das Saatgut rein genug ist.

Eine weitere Möglichkeit feinkörnige, runde Sämereien von unrunden Beimischungen zu trennen, besteht darin, das Erntegut einfach über geneigte Tücher, Glas- oder Kunststoffplatten oder einfaches Schreibpapier laufen zu lassen. Der Neigungswinkel muss dabei so gewählt werden, dass die Samenkörner abrollen, die Verunreinigungen aber an der Oberfläche der Tücher, des Papiers oder der Platten haften bleiben.

Trockenfrüchte

Samen aus Trockenfrüchten wie Nuss- und Steinfrüchte mit fest anliegender Fruchtwandung lässt man unverändert, da das Lösen aus der Fruchtschale schwierig oder unnötig ist.

Zapfen und Fruchtkapseln

Aus den Zapfen der Nadelgehölze werden die Samen durch das sogenannte Klengen gewonnen. Hierunter versteht man das Öffnen der Zapfen durch warme, trockene Luft. Dazu legt man die Zapfen in flache Kisten und stellt sie im Heizungskeller oder in der Nähe eines Heizkörpers auf. Günstig wirkt sich ein allmähliches Steigern der Temperatur aus. Allerdings darf die Temperatur 45 °C nicht übersteigen, da sonst die Samen geschädigt werden können. Schon bald öffnen sich die Zapfen und nach kräftigem Durchschütteln fallen die Samen heraus.

Auch verschiedene Laubgehölzsamen werden durch eine solche Trockenwärmebehandlung aus den Fruchtkapseln befreit. Zu ihnen gehören u. a. alle Arten aus der Familie der *Hamamelidaceae* (Zaubernussgewächse) sowie *Buddleja*- und *Sorbaria*-*Arten*.

Samen optimal lagern

Die Haltbarkeit des Saatgutes wird durch Luftfeuchtigkeit, Temperatur und Sauerstoffzufuhr bestimmt. Generell gilt für trocken zu lagerndes Saatgut, dass es trocken, kühl und unter Abschluss von der Außenluft gelagert werden sollte.

Wie die Saat, so die Ernte

Das alte Sprichwort ist auch heute noch gültig: Vollentwickeltes Saatgut bringt kräftigeres Pflanzenwachstum und schönere Pflanzen.
Es sind zwei Merkmale, die im Wesentlichen die Qualität des Saatguts bestimmen:
Reinheit: Sie bezeichnet den Grad der Verunreinigung des Saatgutes durch Samen von Unkräutern und fremden Kulturpflanzen sowie durch sonstige Fremdkörper (Sand, Steine, Samenschalen u. a.).
Keimfähigkeit: Darunter versteht man den Anteil entwicklungsfähiger Samen.

Samen lassen sich hervorragend im Kühlschrank lagern. Selbst geerntetes Saatgut sollte, nachdem es getrocknet wurde und bevor es in den Kühlschrank gelegt wird, in dicke PE-Folien verschweißt werden. Zweckmäßigerweise werden die Samen zunächst in kleinen Tüten aus Pergamin gefüllt, die als Innenbeutel fungieren. Verpackungen aus reinem Kunststoff oder kunststoffbeschichteten Papieren sind nicht für die Aufnahme insbesondere feinerer Sämereien geeignet, da sie sich elektrostatisch aufladen und die kleinen Samen an ihrer Oberfläche anhaften. Die Samen können dann nur schwierig entnommen werden.

Eine weitere Möglichkeit Saatgut vor der Umgebungsluft zu schützen, besteht in der Verwendung von Einmachgläsern mit Gummiringen und Stahlklammern. Sowohl loses Saatgut als auch Saatgut in luftdurchlässigen Tüten kann so aufbewahrt werden.

Der Kauf von Samen

Der Samenkauf ist in mehrfacher Hinsicht Vertrauenssache. Dies gilt besonders im Hinblick auf die Keimfähigkeit und die Sortenreinheit. Saatgut ist ein witterungsabhängiges Naturprodukt, bei dem nicht zuletzt auch die Lagerung über seine Qualität entscheidet. Oft hat heute jeder Supermarkt und jedes Kaufhaus Samentüten im Angebot. Ob diese jedoch immer optimal gelagert werden, darf bezweifelt werden. Im Samenfachgeschäft bekommt man hingegen bestimmt einwandfreie Ware. Hier stehen Ihnen bei Fragen auch Fachleute zur Verfügung. Eine weitere Möglichkeit ist die Bestellung bei Versandgeschäften.

Grundsätzlich ist Samen in Keimschutzpackungen der Vorzug zu geben. Bei Samen in einfachen Samentüten, die schon längere Zeit in einem Verkaufsständer stehen, ist Vorsicht geboten. Auch Samen aus angebrochenen Keimschutzpackungen verlieren sehr rasch ihren Wert. Die Beschaffung von Gehölz- und Staudensaatgut ist nicht immer ganz einfach. Vor Ort in Samengeschäften wird man Gehölz- und Staudensamen kaum finden. Jedoch gibt es eine Reihe von Versandhändlern, die sich auf den Verkauf dieser Pflanzengruppen spezialisiert haben (Anbieter lassen sich über das Internet finden). Leider lässt jedoch bei gekauftem Gehölz- und Staudensaatgut, das von Wildarten stammt und in freier Natur geerntet wurde, häufig die Keimfähigkeit zu wünschen übrig. Das gilt besonders dann, wenn es aus dem Ausland stammt. Denn manchmal kann der richtige Erntetermin bei der Saatguternte, die oft unter großen

Das Angebot an Sämereien ist vielfältig.

Schwierigkeiten erfolgt, nicht eingehalten werden. Meist müssen auch ungünstige Transportverhältnisse in Kauf genommen werden oder das Saatgut wird falsch gelagert.

Samen von tropischen Früchten

Wenn es um die Aussaat tropischer Arten geht, sollten Sie das Angebot tropischer Früchte im Handel nicht vergessen. Darunter gibt es eine Reihe von Früchten, die keimfähige Samen enthalten und zu den Zimmerpflanzen im weitesten Sinne gehören, so Avocados (*Persea americana*), Granatäpfel (*Punica granatum*), Pampelmusen (*Citrus maxima*) und viele andere. Allerdings muss man sich nicht wundern, wenn die Keimfähigkeit dieser Samen nicht sehr hoch ist. Die Früchte werden nicht selten schon lange vor der Vollreife geerntet und im Lager künstlichen Reifeprozessen unterzogen. Die Samen solcher Früchte haben daher häufig nicht den für die Keimfähigkeit notwendigen Reifegrad erreicht. Dies trifft beispielsweise auch auf Kokosnüsse zu, die im Handel zum Verzehr angeboten werden.

Viele der im Handel angebotenen tropischen Früchte enthalten keimfähige Samen, wie hier bei der Avocado *(Persea americana)*.

F_1-Hybriden

In den letzten Jahren wurden mehr und mehr alte Zierpflanzen- und Gemüsesorten durch Neuzüchtungen ersetzt, die die Bezeichnung F_1-Hybridsorten tragen. F_1-Hybriden zeichnen sich gegenüber den normalen Sorten durch wesentliche Qualitätsverbesserungen aus. Das können sein: schnellerer Wuchs, Ausgeglichenheit des Bestandes, besondere Widerstandsfähigkeit gegenüber Krankheiten, bessere Wetterfestigkeit, höhere Erträge, bei Zierpflanzen außerdem häufig größere Blüten und besondere Reinheit der Blütenfarbe.

Veredeltes Saatgut

Um die Aussaat zu vereinfachen und damit auch wirtschaftlicher zu machen, wird Gemüse- und Zierpflanzensaatgut immer häufiger in veredelter bzw. speziell aufbereiteter Form angeboten. Ziel dieser Aufbereitung ist eine Erhöhung der Qualität der Keimlinge, geringere Anfälligkeit für Krankheiten sowie eine vereinfachte Aussaat bzw. Ausbringung des Saatgutes.

Besonders leicht ist eine Aussaat mit Hilfe von Saatfolien oder Samenteppichen. Diese enthalten zwischen wasserlöslichem Zellulosepapier oder Kunststoff Samenkörner in zweckmäßigen Abständen. Die Saatfolien müssen nur noch ausgebracht und gegebenenfalls abgedeckt werden. Die Aussaat wird auf diese Weise stark vereinfacht. Diesen Vorteil erkauft man sich sprichwörtlich jedoch durch einen deutlich höheren Preis.

Richtig aussäen

Bei der Aussaat kommen unterschiedliche Methoden in Frage. Man unterscheidet zwischen Breit-, Reihen-, Einzelkorn- und Direktsaat.

Breitsaat

Bei der Breitsaat werden die Samen breitwürfig auf der jeweiligen Aussaatfläche verteilt. Sie erfolgt direkt aus der Samentüte oder mit Hilfe einer gefalteten Postkarte. Bei großflächiger Aussaat erfolgt die Breitsaat aus der Hand. Dabei wird die mit Samen gefüllte Hand in schüttelnder Bewegung über die Erdoberfläche geführt. Die Samen gleiten dabei durch die locker gehaltenen Finger zur Erde.

Da sich dunkelfarbiges Saatgut auf dunkelfarbigem Substrat schlecht erkennen lässt, kann man zu einem kleinen Trick greifen: Bepudern Sie die Samen einfach mit Kalkpuder oder Schlämmkreide. So wird ihre Position auf der Aussaatfläche besser sichtbar.

Bei sehr feinem Saatgut ist die Gefahr einer ungleichmäßigen Aussaat besonders groß. Hier sollte man das Saatgut mit der gleichen bzw. doppelten Menge trockenen Sand mischen. Dadurch lässt sich die gewünschte Aussaatdichte besser einhalten. Auch können Sie durch dieses helle Material besser erkennen, wo sich die Samen auf dem Substrat befinden.

Reihensaat

Bei der Reihensaat werden die Samen durch Schüttelbewegungen aus der Samentüte bzw. gefalteten Postkarte in Rillen befördert oder mit einem passenden Hölzchen in diese geschoben. Das Markieren der Rillen erfolgt am einfachsten dadurch, dass man ein flaches, gerades Hölzchen oder ein schmales Lineal in die gefüllten Aussaatgefäße drückt.

Einzelkornaussaat

Bei der Einzelkornaussaat werden die Samen in gleichen Abständen abgelegt. Um die Samen einzeln abzulegen, verwendet man am besten eine Pinzette. Zum Markieren der Saatstellen können Sie ein Nagelbrett benutzen, das sich leicht herstellen lässt. Die Nagelköpfe drücken dann kleine Mulden in das Substrat.

Direktsaat

Die sogenannte Direktsaat, d. h. der Ort des Aussäens und der endgültige Standort der erwachsenen Pflanze sind identisch, kommt nur für wenige Pflanzenarten in Frage. Zwar kann man theoretisch alle Freilandpflanzen direkt an Ort und Stelle ins Freiland säen, doch wird man dann nur in den seltensten Fällen brauchbare Gewächse erhalten. Bei vielen Gemüsearten und einer Reihe von Sommerblumen ist die Direktsaat allerdings die übliche Me-

Breitsaat aus der Tüte.

thode. Dabei handelt es sich um besonders leicht wachsende, unempfindliche Arten, die schon wenige Wochen nach der Aussaat blühen oder geerntet werden.

Aussaat in Kisten oder sonstige Gefäße

Gebrauchte Aussaatgefäße müssen vor ihrer Verwendung gründlich gereinigt werden. Dabei muss nicht nur das Innere, sondern auch das Äußere der Gefäße entsprechend behandelt werden.

In der Regel verwendet man feinere Erde für feines Saatgut, während gröberes für gröbere Samen geeignet ist. Dies gilt zumindest für die oberste Bodenschicht. Sollte die Erde sehr grob sein, so muss sie gesiebt werden. Die Siebrückstände können verwendet werden, allerdings füllt man sie nur bis zur halben Höhe der Aussaatgefäße. Darauf siebt man die Aussaaterde, die nach dem Füllen an den Ecken und Rändern angedrückt wird, ehe sie nochmals bis zum Rand nachgefüllt und sauber mit einer Latte abgestrichen wird. Gefäße, die mit einer Scheibe abgedeckt werden sollen, dürfen nur bis zu 1–1,5 cm unter dem Gefäßrand gefüllt werden. Welche Substrate geeignet sind, können Sie der Tabelle auf Seite 11 entnehmen.

Wie tief muss der Samen in der Erde liegen?

Auf diese Frage gibt es keine allgemeingültige Antwort. Sie richtet sich im Allgemeinen nach der Größe der Samen. Eine Faustregel besagt, dass man den Samen so hoch mit Erde bedecken soll, wie er dick ist. Feinere Sämereien werden nicht abgedeckt, hier genügt ein einfaches Andrücken. Liegt der Samen zu tief, weil zu viel Erde aufgebracht wurde, so stirbt der Keimling ab, bevor er an die Erdoberfläche gelangt. Bei zu flachem Säen trocknet der Samen schnell aus, und der Keimling stirbt infolgedessen ebenfalls ab.

Licht und Keimung

Die Mehrzahl der Pflanzen erweist sich als lichtindifferent, d. h. sie keimen bei Licht und Dunkelheit gleich gut. Es gibt aber auch Arten, z. B. Salat und Tabak, die im Licht zu 90–100 %, im Dunkeln dagegen gar nicht keimen. Umgekehrte Verhältnisse liegen bei Kürbis- und Kümmelsaatgut vor, das in der Dunkelheit zu 90–100 %, aber nicht im Licht keimt. Salat und Tabak gehören daher zu den Lichtkeimern, Kürbis und Kümmel zu den Dunkelkeimern. Die Beeinflussung der Keimung durch Licht ist aber nicht immer so eindeutig ausgeprägt. In vielen Fällen bewirkt Licht nur eine mehr oder weniger starke Förderung oder Hemmung der Keimung. Durch Licht gehemmte Aussaaten stellt man bis zur Keimung in einen dunklen Kellerraum (Temperaturansprüche beachten) oder deckt sie mit schwarzer Folie ab. Werden die ersten Keimlinge sichtbar, müssen die Aussaaten wieder hell stehen, damit ein Weiterwachsen möglich ist.

Aussaaten optimal pflegen

Nach der Aussaat wird jedes Gefäß umgehend mit dem Namen der Art bzw. Sorte und dem Datum der Aussaat beschriftet, damit eine Verwechslung der verschiedenen Pflanzenarten später ausgeschlossen ist.

Das Angießen muss gründlich, aber vorsichtig erfolgen. Grobe Sämereien kann man mit einer feinen Brause gießen. Bei besonders feinen Sämereien empfiehlt es sich, die Aussaatgefäße in eine Schale mit Wasser zu stellen.

Die Keimtemperaturen richten sich nach den einzelnen Pflanzengruppen bzw. -arten und werden bei den einzelnen Arten beschrieben. Gegen starke Sonneneinstrahlung werden frische Aussaaten und junge Sämlinge mittags mit Papier oder Stoff beschattet.

Im Übrigen beschränkt sich die Behandlung der Aussaaten auf die richtige Bewässerung. In der ersten Zeit muss die Aussaaterde ausreichend feucht sein. Sobald sich der Keimling bildet, darf die Erde zwar niemals trocken werden, aber auch nicht zu nass sein. Das Bewässern darf niemals nach Terminen, also schematisch vorgenommen werden. Durch ständiges Beobachten werden Sie den richtigen Gießzeitpunkt jedoch gut erkennen. Wichtig ist, dass die Erde immer erst leicht abtrocknet, ehe wieder gegossen wird. Außerdem muss man sich zum Grundsatz machen, dass, wenn schon gegossen wird, die Erde durchdringend gewässert wird. Die Temperatur des Gießwassers sollte der Umgebungstemperatur entsprechen. Bei Aussaaten von Feinsämereien, die mit Scheiben abgedeckt sind, müssen Sie die mit Tropfen behangenen Scheiben anfangs täglich wenden, um einem durch Tropfwasser begünstigten

Das Angießen muss gründlich aber vorsichtig erfolgen.

Von der Umfallkrankheit befallene Sämlinge.

Krankheitsbefall vorzubeugen. Nach dem Keimen werden die Scheiben nach einigen Tagen mit Hilfe kleiner Hölzchen zum Lüften angehoben, ehe sie ganz abgenommen werden.

Bei Dunkelkeimern ist es beim Durchbruch der ersten Sämlinge unbedingt notwendig, ihnen den hellsten Platz einzuräumen.

Pflanzenschutz

Von Vermehrungskrankheiten können fast alle Pflanzen im Jugendstadium befallen werden. Sie werden von einer Vielzahl von Schadpilzen hervorgerufen. Befallene Pflanzen fallen um (Umfallkrankheit) und sterben ab. Der Wurzelhals bzw. das untere Stängelteil ist glasig oder braun bis schwarz verfärbt (Schwarzbeinigkeit). Zu hohe oder zu niedrige Temperaturen, übermäßige Feuchtigkeit im Substrat, zu enger Stand und unzureichende Lichtverhältnisse begünstigen das Auftreten dieser Vermehrungskrankheiten.

Ist es trotz aller vorbeugenden Maßnahmen zu einem Auftreten von Vermehrungskrankheiten gekommen, können Pflanzenschutzmittel nach dem Auflaufen der Saaten und im Pikierbeet eingesetzt werden. Der Fachhandel, der Gärtner und auch die Pflanzenschutzämter vor Ort können bei der Auswahl geeigneter Pestizide helfen.

Pikieren

Junge Sämlinge aus Breitsaaten ohne vorgeformten Ballen müssen in der Regel pikiert (vereinzelt) werden, bevor man sie topft oder auspflanzt. Sie erhalten dadurch mehr Platz, Licht, Luft und Nährstoffe. Außerdem kann man dabei gleich gesunde, kräftige Pflanzen derselben Größe selektieren, die gleichmäßigere Bestände ergeben.

Je nach Pflanzenart und eigener Anschauung wird in ungegliederte Pikierkisten, Multitopfplatten oder auch in Einzeltöpfe pikiert.

Der richtige Zeitpunkt zum Pikieren ist gekommen, sobald sich die Sämlinge gegenseitig mit den Blättern berühren, so dass sie sich im Wachstum behindern. Als Pikiererde wird etwas kräftigere Erde als beim Aussäen verwendet. Das Füllen der Pikierkisten erfolgt bis zum Rand. Überflüssige Erde wird mit Hilfe eines Stabes oder einer dünnen Latte abgestrichen. Vorher wird in den Ecken und an den Rändern ganz leicht das Subtrat angedrückt. Die Aussaatgefäße werden am Tage vor dem Pikieren noch einmal gründlich gewässert, auch wenn das normalerweise noch nicht nötig wäre. Dadurch saugen sich die Pflanzen voll Wasser, was vorteilhaft ist, da in den ersten Tagen nach dem Pikieren die Wasseraufnahme behindert ist. Die zu pikierenden Pflanzen werden unter Schonung des Wurzelwerkes vorsichtig aus den Saatkisten genommen, indem man mit einem runden oder flachen Pikierholz unter die Wurzel fasst und die Pflanzen anhebt. Man legt sie in Extrakisten oder lose griffbereit auf die vorbereitete Pikierfläche. Reißen dabei feine Wurzeln ab, ist das nur günstig für die Bildung eines dichten Wurzelballens, da sich dann jeweils neue Wurzelverzweigungen bilden. Bei großen Sämlingen mit schon langen Wurzeln fördert man ein Verzweigen der Wurzeln durch Abknipsen.

Sie sollten stets nur so viele Pflanzen herausnehmen, wie Sie in einer halben Stunde pikieren können. Vermeiden Sie alles, wodurch die Wurzeln zu lange der Luft ausgesetzt sind und darunter leiden.

Pikiert wird in der Regel einzeln, manchmal auch in Tuffs zu mehreren, in vorher markierten Reihen im Drei-

Das Pikieren erfolgt am besten mit einem Pikierholz.

ecks- oder Viereeksverband. Die Entfernung beim Pikieren richtet sich nach der Pflanzenart und nach der Stärke der Pflanzen. Grundsätzlich sollten die Pflanzen nur so weit auseinander stehen, wie es unbedingt erforderlich ist. Sie wachsen immer besser, wenn sie fast in Tuchfühlung stehen.

Das Pikieren wird zweckmäßigerweise mit einem Pikierholz vorgenommen. Man verwendet Hölzer, die einem dicken Bleistift ähneln und ein trichterförmiges Loch erzeugen. Gut geeignet ist auch ein spachtelähnlich zugeschnittener Blumenstab oder ein sonstiger Holzstab. Das Ende, das zum Pikieren verwendet wird, sollte so flach wie möglich sein. Dieses Holz drückt man an der entsprechenden Stelle senkrecht in die Erde, um es dann, immer senkrecht gehalten, nach einer Seite zu bewegen. Es macht dann keine Schwierigkeiten, die jungen Sämlinge mit den Wurzeln bis zur gewünschten Tiefe hineinzuhalten. Dann wird die Erde mit dem Holz in der üblichen Art an die Wurzeln herangebracht, indem das Holz zunächst aus der Erde genommen und dann der Hohlraum durch seitliches Andrücken des Substrates mit dem Holzstab geschlossen wird. Es dürfen dabei keine Hohlräume im Wurzelbereich bleiben. Vermeiden Sie ein starkes Andrücken und achten Sie darauf, dass die Sämlinge in der richtigen Höhe stehen. Sie haben richtig pikiert, wenn die Keimblätter der Erdoberfläche aufliegen.

Winzige Sämlinge werden mit einer Pinzette angefasst, und das Pflanzloch wird mit einem angespitzten Stäbchen vorgebohrt. Bei größeren Sämlingen kann das Anfassen, Lochbohren, Einsetzen und Andrücken auch mit den Fingern geschehen.

Nach dem Pikieren wird mit einer feinen Brause angegossen. Sorgen Sie während der ersten Tage bei empfindlichen Pflanzen für einen Verdunstungsschutz, indem Sie Folie über die Kästen spannen oder die Pflanzen im Vermehrungsbeet aufstellen.

So bereiten Sie Pflanzenkeimlinge für das Freiland vor

Nach erfolgter Keimung müssen Sämlinge, die für das Freiland bestimmt sind, gut abgehärtet werden, bevor sie ins Freiland ausgepflanzt werden. Nur so werden sie kräftig und gedrungen wachsen. In einem Kleingewächshaus oder Frühbeet wird beispielsweise mit zunehmendem Wachstum und fortschreitender Jahreszeit daher zunächst stärker gelüftet. Zur endgültigen Anpassung an die Freilandbedingungen werden die Fenster schließlich ganz geöffnet bzw. die Abdeckung ganz abgenommen.

Vegetativ vermehren

Bei der vegetativen Vermehrung benutzt man entweder Vermehrungsorgane, die von der Pflanze selbst ausgebildet werden, wie Brutzwiebeln, Brutknollen, Ausläufer und Rhizome, oder man reißt, bricht oder schneidet Pflanzenteile ab und bringt diese anschließend zum Bewurzeln.

Der Vorteil der vegetativen Vermehrung gegenüber der generativen besteht darin, dass die Nachkommen in allen Merkmalen der Mutterpflanze gleichen. Auch blühen und fruchten vegetativ vermehrte Pflanzen früher als generativ vermehrte.

Es gibt eine Vielzahl verschiedener vegetativer Vermehrungsmethoden, die Teilung, Ableger und Absenker, das Anhäufeln (Abrisse), die Vermehrung durch Ausläufer, das Abmoosen, die Steckholzvermehrung, die Vermehrung durch Stamm- und Augenstecklinge, durch Blattstecklinge, durch Wurzelstecklinge und Veredlung sowie die Vermehrung durch Trieb- und Sprossstecklinge. Letztere ist die wichtigste vegetative Vermehrungsmethode.

Vermehrung durch Trieb- und Sprosssteckling

Beim Trieb- oder Sprosssteckling handelt es sich um beblätterte Spross- bzw. Triebstücke, die unter geeigneten Bedingungen zum Bewurzeln gebracht werden. Je nach Pflanzenart werden krautige, leicht verholzte oder verholzte Stecklinge geschnitten. Man unterscheidet je nach Position der Entnahme Kopf- und Teilstecklinge.

Schnittzeitpunkt

Der Vermehrungszeitpunkt hängt im Wesentlichen von der Pflanzenart und ihrem Entwicklungsstand ab. Der optimale Vermehrungstermin ist nicht mit dem Kalender bestimmbar. Durch klimatische Einflüsse sind bei Gehölzen und Stauden nicht selten Verschiebungen bis zu vier Wochen möglich. Bei Zierpflanzen kann der beste Zeitpunkt des Stecklingsschnitts sehr variieren. Grundsätzlich ist eine Vermehrung ganzjährig möglich, am günstigsten ist aber das Frühjahr, da es optimale Wachstumsbedingungen bietet.

Der Schnitt

Die Pflanzen, von denen die Stecklinge abgenommen werden, die sogenannten Mutterpflanzen, sollten gesund und wüchsig sein. In den meisten Fällen schneidet man die Stecklinge, die weder zu weich noch zu hart sein dürfen (Ausnahmen werden bei den einzelnen Pflanzengruppen genannt).
Als Faustregel gilt: Zu hart sind sie dann, wenn sie sich schlecht schneiden lassen; zu weich, wenn das Messer wie durch Vaseline fährt.

Der Schnitt der Stecklinge erfolgt etwa 3–5 mm unter dem Blattansatz, wie hier bei der Pelargonie *(Pelargonium zonale)* zu sehen.

Kleinere Stecklinge steckt man in der Regel dicht an dicht zusammen in ein Stecklingsgefäß, hier *Rhododendron indicum.*

Den Steckling nimmt man zunächst etwas länger von der Mutterpflanze ab, als man ihn braucht. Üblich ist eine Stecklingslänge von 5–10 cm mit vier bis fünf Blattansätzen. Dem Schnitt des Stecklings ist große Bedeutung beizumessen. Verwenden Sie dafür ein scharfes Messer oder eine scharfe Schere. Bei krautigen Stecklingen sind auch Rasierklingen gut geeignet. Achten Sie darauf, sauber zu schneiden und die Schnittfläche nicht zu quetschen. Der Schnitt erfolgt etwa 3–5 mm unter einem Blattansatz (Nodium). Sind an dem Steckling Blüten oder Knospen vorhanden, sollten Sie diese entfernen. Auch empfiehlt es sich, das unterste Blattpaar bzw. Einzelblatt zu entfernen.

Die geschnittenen Stecklinge gibt man für eine Weile in ein Gefäß mit Wasser, damit sie frisch bleiben. Anschließend werden sie in eine Kiste abgelegt, bis man einen gewissen Vorrat zusammen hat. Danach wird gesteckt.

Das Stecken

Das Stecklingssubstrat muss die Feuchtigkeit gut halten können, dabei gleichzeitig gut durchlüftet und keimfrei sein (welche Substrate in Frage kommen siehe Seite 11).

Entweder werden Stecklinge zu mehreren zusammen in ungegliederte Pikierkisten oder sonstige Gefäße, oder einzeln in Multitopfplatten oder Einzeltöpfe gesteckt.

Grundsätzlich sollten Sie so flach wie möglich stecken. Neben der Standfestigkeit – der Steckling muss gerade stehen und darf sich nicht ohne Weiteres wieder herausziehen lassen – muss eine ausreichende Sauerstoffzufuhr an der Schnittstelle gewährleistet sein, da die beste Wurzelbildung in der obersten luftnahen Zone erfolgt.

Minitreibhäuser werden von verschiedenen Herstellern angeboten.

Bei feintriebigen und krautigen Stecklingen werden die Löcher in das Substrat am besten mit Hilfe eines Hölzchens vorgestochen.

Beim Stecken von Teilstecklingen ist darauf zu achten, dass das ursprünglich untere (basale) Ende auch wieder nach unten in das Vermehrungssubstrat gelangt.

Die Abstände von Steckling zu Steckling richten sich nach der Blattgröße der Arten. Um die Vermehrungsgefäße maximal zu nutzen, sollte in der Regel so gesteckt werden, dass sich die Blätter der Stecklinge berühren. Ist ein Gefäß fertig gesteckt, wird vorsichtig angegossen bzw. lässt man es sich mit Wasser vollsaugen.

Bei vielen Pflanzen empfiehlt sich die Behandlung der Stecklinge mit Hormonen, die die Bewurzelung beschleunigen. Diese gibt es im Fachhandel auch für Hobbygärtner.

Geeignete Gefäße zur Stecklingsvermehrung

Behälter, in denen Stecklinge vermehrt werden sollen, müssen so dicht wie möglich abschließen, damit im Inneren eine möglichst hohe relative Luftfeuchtigkeit erreicht wird. Gut geeignet sind hierzu sogenannte Zim-

Vier Wochen nach dem Stecken sind die Stecklinge der Forsythie *(Forsythia × intermedia)* dank optimaler Kulturbedingungen gut bewurzelt.

mergewächshäuser, die von verschiedenen Herstellern in den unterschiedlichsten Größen und Ausführungen angeboten werden (siehe auch Seite 8).

Für weniger empfindliche Stecklinge genügt das Abdecken mit einer dünnen PE-Folie von 0,05 mm Stärke. Diese dünne Folie lässt einen Luftaustausch zu, ohne dass die Feuchtigkeit verlorengeht. Sie wird sofort nach dem Angießen aufgelegt und allseitig gut schließend angebracht.

Bei etwas empfindlicheren Stecklingen ist es besser, wenn zwischen ihnen und der Abdeckung ein größerer Luftraum vorhanden ist. Hier können neben Zimmergewächshäusern auch Einweckgläser verwendet werden, die man einfach über die Vermehrungsgefäße stülpt, oder Folie, die auf einem Gerüst befestigt wird.

Pflege

Stecklinge sollten bis zur Wurzelbildung hell, aber vor praller Sonne geschützt aufgestellt werden. In der Wohnung sind Ost-, West- und Südfenster geeignet. Auf die Bewurzelung hat neben dem Licht auch die Temperatur, insbesondere die Bodentemperatur, einen großen Einfluss.

Für einzelne Stecklinge genügt ein Einweckglas, um die Verdunstung einzuschränken.

Für ein optimales Bewurzeln sind zur Stecklingsvermehrung bei den meisten Pflanzengruppen Bodentemperaturen von 20–25 °C erforderlich. Eine hohe Bodentemperatur beschleunigt die Wurzelbildung. Die Lufttemperatur kann dabei niedriger als die Bodentemperatur sein. Sie können für optimale Temperaturen sorgen, wenn Sie Vermehrungseinrichtungen mit einer Bodenheizung verwenden.

Neben der Temperatur hat die Wasserversorgung eine besondere Bedeutung. Alle Pflegemaßnahmen müssen darauf abgestimmt sein, die Verdunstung der Stecklinge herabzusetzen. Die Stecklinge sollten täglich kontrolliert werden. Sind die Blätter mit einem Feuchtigkeitsfilm überzogen und zeigen sie keinerlei Welke, sind die Bedingungen für eine erfolgreiche Bewurzelung optimal. Die Stecklinge müssen dann nicht zusätzlich bewässert werden. Wird trotzdem gegossen oder gesprüht, kann es zu einer Vernässung des Substrats kommen, Schäden an den Stecklingen sind die Folge.

Kleinere Behälter zur Vermehrung deckt man bei direkter Sonneneinstrahlung einfach mit Zeitungspapier

Ein selbst gebautes Vermehrungszelt mit größerem Luftraum über den Stecklingen.

ab, größere mit entsprechendem Schattiermaterial, das im Gartenbaubedarfshandel erhältlich ist.

Mit Beginn der Wurzelbildung wird langsam mit dem Lüften begonnen. Die Wurzelbildung hat eingesetzt, wenn die Spitzen zu wachsen beginnen. Es wird immer stärker gelüftet, bis die Schutzhaube, das Einweckglas oder die Folie ganz entfernt werden kann. Zu beachten ist, dass in diesem Stadium der Wasserbedarf immer größer wird. Die zur Wurzelbildung benötigte Zeit ist von Pflanzenart zu Pflanzenart sehr verschieden. Sie kann zwischen wenigen Wochen und mehreren Monaten liegen.

Vermehrung unterschiedlicher Pflanzen

Bäume und Sträucher vermehren

Einheimische Gehölze werden in der Regel generativ vermehrt, während exotische Gehölze, die bei uns angepflanzt werden, häufig vegetativ vermehrt werden müssen, da die Beschaffung von keimfähigem Saatgut meist sehr schwierig ist. Alle Varietäten sowie die Kulturformen, die man auch als Gartenformen, Spielarten oder Sorten bezeichnet, lassen sich – von wenigen Ausnahmen einmal abgesehen – nur vegetativ sortenecht vermehren.

Durch Samen vermehren

Als Ort der Aussaat kommt für die meisten Gehölze nur das Freiland in Frage. Man kann auf Beete im Garten aussäen, aber auch in Schalen oder Töpfen, die im Garten aufgestellt werden. Empfindliche oder besonders wertvolle und sehr feine Samen werden grundsätzlich unter Glas ausgesät. Ideal ist hier ein Kleingewächshaus, ein heizbares Zimmergewächshaus oder ein heizbarer Frühbeetkasten.

Der richtige Zeitpunkt

Hauptaussaatzeit ist das Frühjahr. Bei vielen Arten, die erst nach einer kühleren Periode keimen, ist die Aussaat im Herbst angebracht. Bei trocken gelagertem Saatgut von Laubgehölzen und bei allen Nadelgehölzen wartet man in der Regel bis Anfang April, da die Keimlinge sehr frostempfindlich sind. Frühreifende Samen wie von Weide und Pappel sind gleich nach der Reife auszusäen.

Keimwilligkeit und Samenbehandlung

Die Lebensvorgänge im reifen Samen sind auf ein Mindestmaß reduziert. Dieses Ruhestadium wird erst durch die Zufuhr von Wasser beendet, jedoch erfolgt die Keimung nur, wenn im ruhenden Samen die innere Bereitschaft zum Keimen vorliegt.

Auch wenn viele Gehölzsamen sofort nach der Reife keimen können, gibt es eine Reihe von Pflanzenarten, bei denen komplizierte Sperrmechanismen dafür sorgen, dass eine Keimung unmittelbar nach der Samenreife unmöglich ist. Sie unterliegen einer Keimhemmung, auch Keimruhe genannt, die verschiedene Ursachen haben kann. Diese sorgt bei vielen Pflanzen der gemäßigten Breiten dafür, dass die im Spätsommer ausgebildeten Samen nicht schon im Herbst

Beobachten und Nachmachen

Die richtige Behandlung des Saatgutes lehrt uns die Natur. Wenn wir das nachahmen, was in der freien Natur in der Zeit zwischen der Samenreife und der Keimung geschieht, machen wir es immer richtig.

keimen, um dann im darauf folgenden Winter zu erfrieren. Zum Teil können Samen auch noch ein oder mehrere Jahre später keimen, ein Phänomen, das als Überliegen bezeichnet wird.

Harte Samenschale als Ursache für eine Keimhemmung

Bei vielen Samen wie denen von *Cornus*, *Cotoneaster*, Wacholder (*Juniperus)* oder Linde (*Tilia)* ist die Samenschale hart und so stark entwickelt, dass eine Wasseraufnahme unmöglich ist. Eine Keimung kann nur erfolgen, wenn die Samenschale durch mechanische Einwirkung oder mikrobiellen Abbau porös und wasserdurchlässig wird. Für kleinere Samenmengen empfiehlt sich das Anfeilen oder Aufrauen der Samenschale, eine einfache, dabei sichere und schnelle Methode, um die Samenschale durchlässig zu machen.

Große Samen, die sich mit den Fingern anfassen lassen, feilt man einzeln mit einer feinen Metallfeile an. Samenschalen von kleinen, feinen Samen kann man einfach mit Schleifpapier in kreisenden Bewegungen bearbeiten. Eine andere Methode ist die sogenannte „Warmstratifikation", bei der Mikroorganismen die harte Samenschale bearbeiten. Hierbei werden die Samen mit etwas Kompost oder anderem nicht sterilen Boden vermischt und für etwa 8 bis 15 Wochen bei 25–30 °C aufgestellt.

Keimhemmende Stoffe als Ursache für eine Keimhemmung

Samen mit keimhemmenden Stoffen in der Samenschale werden erst dann keimfähig, wenn die Hemmstoffe abgebaut oder zumindest in ihrer Wirkung neutralisiert worden sind. Durch Abfaulen, mechanische Verletzungen oder künstliche Entfernung der Samenschalen lässt sich die Keimfähigkeit früher erreichen. Gleiches gilt für die Fälle, in denen die Früchte keimhemmende Stoffe enthalten, die eine vorzeitige Keimung verhindern. In der Natur keimen solche Samen erst, wenn sich das Fruchtfleisch vom Samen gelöst hat. Um diese Form der Keimhemmung zu beheben muss der Samen vom Fruchtfleisch mit den keimhemmenden Stoffen getrennt werden.

Samen mit unvollkommen entwickelten Keimlingen

Bei vielen Gehölzen sind die Keimlinge (Embryonen) in den Samen zur Erntezeit noch sehr klein und unterentwickelt und werden erst nach dem Ablösen von der Mutterpflanze vollständig ausgebildet. Daher ist bei diesen Arten eine sofortige Keimung nach der Ernte trotz günstigster Keimbedingungen nicht möglich.

Alle Samen dieser Gruppe dürfen in der Regel nicht trocken gelagert werden, da sich die Keimanlage nur dann weiterentwickeln kann, wenn den Samen die notwendige Feuchtigkeit zugeführt wird. Die Samen vieler Vertreter dieser Gruppe müssen bis zur Keimung nicht nur feucht, sondern auch bei niedrigen (wenige auch bei höheren) Temperaturen aufbewahrt werden. Die Überwindung der Keimruhe bei niedrigen Temperaturen und Feuchtigkeit wird bei Gehölzen als Stratifikation oder Kalt-Nass-Vorbehandlung bezeichnet.

Die Samen werden dem feuchten Substrat untergemischt. Bei kurzzeiti-

Bei kleinen Samen raut man die Samenschale zwischen zwei Blatt Sandpapier auf.

Bei der Stratifikation vermischt man am besten den Samen mit Sand.

ger Stratifikation ist feuchter Sand das gebräuchlichste Substrat. Bei längerfristiger Stratifikation sind hingegen ein Sand-Torf-Gemisch oder Komposterde vorteilhafter, da diese Substrate weniger schnell austrocknen und daher nicht so oft kontrolliert werden müssen. Auch wenn man ganze Früchte stratifizieren kann, so ist es doch sinnvoller, die Samen vorher vom Fruchtfleisch zu befreien (siehe Seite 15). Als Lagergefäße eignen sich Tontöpfe, durchlöcherte Kunststofftöpfe oder sonstige Behälter. Die beste Stratifikationstemperatur liegt zwischen 2 und 8 °C.

Die Stratifikation kann im Freiland, in Kühlräumen oder auch im Kühlschrank erfolgen. Die Stratifizierbehälter für das Freiland sollten zum Schutz vor Mäusen und Vögeln mit einem dichtmaschigen Drahtgeflecht umgeben und dann in den Gartenboden oder offenen Frühbeetkasten eingegraben werden. Stratifizieren Sie hingegen im Kühlschrank, dann müssen Sie unbedingt darauf achten, dass das Gemisch nicht austrocknet.

Kontrollieren Sie das Saatgut während der Stratifikation ständig. Zeigen sich die ersten Wurzelspitzen, müssen Sie sofort aussäen. Es ist sinnvoll, die Samen zusammen mit dem Stratifiziersubstrat auszusäen, da die Samen sonst ausgesiebt werden müssen. Lassen ungünstige Witterungsbedingungen eine sofortige Aussaat nicht zu, dann können Sie die Samen auch bei −2 bis −4 °C zwischenlagern. Muss notfalls trotz ungünstiger Bedingungen ausgesät werden, dann kommt nur eine geschützte Aussaat unter Glas in Frage.

Die notwendige Stratifikationsdauer ist bei den einzelnen Gehölzarten verschieden. Einige Arten benötigen ein bis zwei Wochen, andere mehrere Monate.

Bei einigen Gehölzen haben sich Wechseltemperaturen zur Behebung der Keimhemmung bewährt. Man spricht hier auch von einer Warm-Nass-Behandlung oder Warmstratifikation. Bei diesen Samen wird zunächst eine Behandlung bei 20–25 °C durchgeführt und anschließend die normale Kaltstratifikation.

Die Erfahrung zeigt, dass es dem Hobbygärtner immer wieder Schwierigkeiten bereitet, Saatgut, das stratifiziert werden muss, nach erfolgter Stratifikation rechtzeitig auszusäen. Denn sobald der Keimprozess beginnt, muss unbedingt ausgesät werden. Um diesen Schwierigkeiten aus dem Wege zu gehen, bietet sich folgende, bewährte Methode an: Das zu stratifizierende Saatgut wird nicht mit einem Substrat vermischt oder schichtweise eingelagert, sondern direkt in Schalen, Töpfe oder Kisten ausgesät. Das Aussaatgefäß wird dann kühl aufgestellt – wenn es die Witterung erlaubt, im Freiland, wenn nicht, im Kühlschrank –, um die Kalt-Nass-Behandlung durchzuführen. Sobald die Keimung beginnt, wird das Aussaatgefäß im Kleingewächshaus, an einem kühlen Fensterplatz oder im frostfreien Frühbeetkasten hell aufgestellt.

Aussaat in Beeten

Der Boden muss genügend Feuchtigkeit halten können, darf andererseits aber nicht zur Vernässung neigen. Optimal ist ein lehmiger Sand mit hohem Humusgehalt. Im Allgemeinen kann man davon ausgehen, dass ein Gartenboden, in dem schon jahrelang Pflanzen herangezogen wurden, die Voraussetzung für ein gutes Saatbeet mitbringt. Notfalls kann der Gartenboden mit Sand, Kompost oder Rindenhumus verbessert werden, um die Durchlüftung zu fördern bzw. den Humusgehalt zu erhöhen.

Für Gehölzsamen ist eine Aussaattiefe günstig, die das Drei- bis Vierfache der Samengröße beträgt. Liegen die Samen zu hoch, besteht die Gefahr, dass sie austrocknen. Liegen sie zu tief, schaffen sie möglicherweise den Weg nicht bis an die Oberfläche.

Vor dem Abdecken werden die Samen mit einem Brettchen angedrückt oder bei größeren Flächen mit einer Walze angewalzt. Dies ist wichtig, damit die Samen einen engen Kontakt mit der umgebenden Erde bekommen, um dann zügig quellen und keimen zu können.

Zum Abdecken der Saatbeete von Laubgehölzen verwendet man feinkrümeligen Gartenboden oder extra hergerichtete, feinkrümelige Erde. Im Gegensatz dazu deckt man Saatbeete von Nadelgehölzen mit gewaschenem Sand ab, der den Keimlingen das Durchstoßen der Abdeckschicht erleichtert.

Das Saatbeet muss bis zum Erscheinen der Keimlinge vor dem Austrocknen geschützt werden. Decken Sie die Beete deshalb mit Reisig, Stroh, Schilfrohrmatten oder Vlies ab.

In der Regel werden Gehölzsamen in Reihen ausgesät. Die Tiefe in der die Samen zu liegen kommen, soll der drei- bis vierfachen Samenstärke entsprechen.

Eine solche Decke schützt nicht nur vor dem Austrocknen, sondern auch vor Spätfrösten.

Die Anzucht von Jungpflanzen

Wurde auf Beete ausgesät, dann bleiben Laubgehölzsämlinge ein Jahr, Nadelgehölzsämlinge ein bis zwei Jahre, in Ausnahmefällen auch länger auf dem Saatbeet stehen. Bei einer Gefäßaussaat werden die Sämlinge noch im Aussaatjahr aus den Töpfen genommen und pikiert. Näheres zur Pikiertechnik erfahren Sie auf Seite 23. Pikiert wird in Pikierkisten, Multitopfplatten oder einen entsprechend vorbereiteten Frühbeetkasten.

Nicht alle Samen keimen

Die Keimfähigkeit von Gehölzsamen ist sehr unterschiedlich. Selbst frisches Saatgut keimt nie zu 100 %. So gehen Samen von Ahorn nur zu rund 30–70 % auf, von Kiefer zu 70–100 %, von Tanne und Fichte häufig nur bis zu 30 %.

Das Aus- und Umpflanzen der Sämlinge – der Gärtner spricht vom Auf- bzw. Verschulen – erfolgt am besten in Reihen. Vor dem Verschulen wird der Boden tiefgründig gelockert und bei Bedarf mit Kompost oder Rindenhumus verbessert.

Der Pflanzabstand sollte so gewählt werden, dass sich die Jungpflanzen gleichmäßig und formschön aufbauen. An Nadelgehölzen entstehen bei zu dichtem Stand Verkahlungsstellen, die nicht oder nur sehr langsam wieder verwachsen.

Die Wurzeln sollten vor dem Auspflanzen so weit eingekürzt werden, dass die Verzweigung möglichst nahe am Wurzelhals einsetzt, andererseits aber ein sicheres Anwachsen garantiert ist.

Beim Pflanzen ist darauf zu achten, dass die Wurzeln senkrecht in den Boden kommen. Pflanzen mit geknickten Wurzeln bleiben nämlich auf Jahre hinaus gegenüber richtig gepflanzten im Wachstum zurück. Daneben dürfen sie auch nicht zu tief gesetzt werden, ein Fehler, der häufig gemacht wird.

Drücken Sie die Erde nach dem Einpflanzen gut an, damit die Wurzeln allseitig Kontakt mit dem Erdreich bekommen und keine größeren Hohlräume entstehen. Anschließend wird kräftig gewässert. Bei empfindlichen bzw. wertvollen Gehölzen ist es ratsam, sie während der Anwachsphase zu schattieren.

Vegetative Vermehrung

Hier kommen – je nach Gehölzart – verschiedene Methoden infrage. Vorteil der vegetativen Vermehrung ist, dass die Nachkommen in allen Merkmalen mit der Mutterpflanze identisch sind.

Das Teilen

Die Teilung ist bei solchen Gehölzen von Bedeutung, die aus dem Wurzelstock laufend neue Triebe bilden. Geteilt wird im Herbst oder Frühjahr, wobei flachwurzelnde Gehölze im Frühjahr geteilt werden sollten.

Zur Teilung werden die Pflanzen ausgegraben und mit Hilfe einer Schere zerschnitten oder mit einem Spaten vorsichtig geteilt. Dabei muss an jedem Teilstück mindestens ein Trieb mit Wurzeln verbleiben. Ist die Wurzelbildung nur schwach, schneidet man die oberen Teile der abgetrennten Pflanze etwas zurück, bevor man sie auspflanzt oder in Töpfe setzt.

Ausläufer

Ausläufer sind mehr oder weniger ober- bzw. unterirdisch waagerecht wachsende Seitentriebe. Die Vermehrung durch Ausläufer ist der Teilung ähnlich. Hier sind die aus dem Boden kommenden Triebe jedoch weiter von der Mutterpflanze entfernt. Es ist daher nicht notwendig, die Mutterpflanze auszugraben, um die jungen

Beim Umschulen dürfen die Wurzeln ruhig abreißen. Bei Gehölzen mit Pfahlwurzeln wird die Wurzel kräftig eingekürzt (hier ein Eichensämling), um die Bildung von Seitenwurzeln zu fördern.

Pflanzen abzunehmen. Dadurch wird die Mutterpflanze weniger in Mitleidenschaft gezogen als bei der Teilung.

Anhäufeln

Beim Anhäufeln bzw. der Abrissvermehrung werden die jungen Triebe der Mutterpflanze mit Erde angehäufelt und nach erfolgter Wurzelbildung an der Basis abgeschnitten bzw. bei manchen Arten auch abgerissen.

Die Triebe werden von Mai bis Juli drei- bis viermal so angehäufelt, dass die Triebbasis schließlich etwa 20–30 cm hoch mit Erde bedeckt ist. Wenn die einzelnen Triebe nach dem

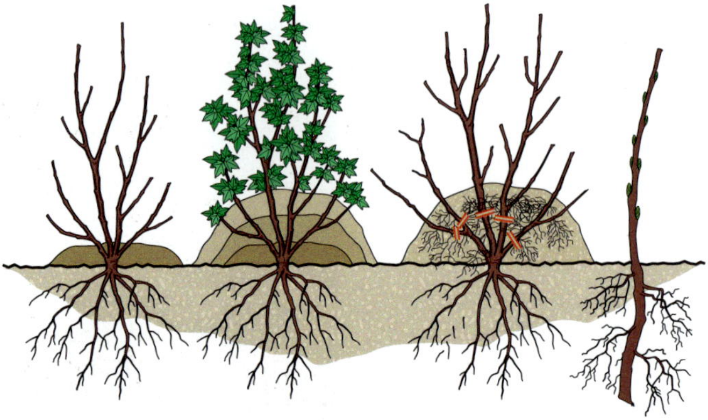

Anhäufeln (Abrisse)

Ein Trick bei schwer wurzelnden Gehölzen

Die Wurzelbildung kann beim Anhäufeln, Ablegen und Absenken dadurch gefördert werden, dass man an den Stellen, an denen die Wurzelbildung erfolgen soll, einen kurzen Rindenstreifen entfernt oder einen flachen Einschnitt vornimmt. Man kann die Triebe dort auch mit Draht umwickeln. Dieser soll die Rinde fest umschließen, aber nicht einschnüren. Durch den Draht kommt es infolge des Dickenwachstums zur Verengung der unter der Rinde verlaufenden Leitungsbahnen. In der Folge stauen sich an dieser Stelle die Assimilate, wodurch es zu einer Wuchsstoffanreicherung kommt, die die Wurzelbildung begünstigt.

Laubfall im Herbst ausreichend Wurzeln gebildet haben, wird abgehäufelt. Die bewurzelten Triebe werden so tief wie möglich abgeschnitten, den Winter über an geschützter Stelle eingeschlagen und erst im Frühjahr aufgeschult bzw. ausgepflanzt.

Absenken und Ablegen

Beim Absenken und Ablegen werden vorjährige Triebe zum Bewurzeln gebracht und erst nach der Bewurzelung von der Mutterpflanze getrennt. Beide Methoden werden im Frühjahr durchgeführt. In der Regel kommt es innerhalb einer Vegetationsperiode zur Wurzelbildung.

Während beim Absenken der Trieb bogenförmig in die Erde gelegt wird und aus einem Trieb nur eine Jungpflanze entsteht, wird beim Ablegen

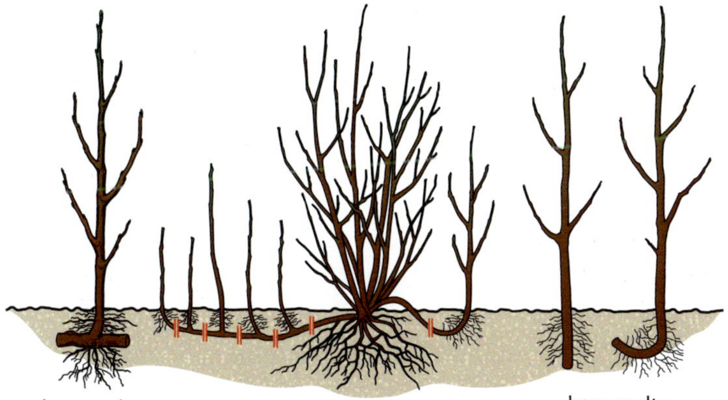

Ablegen (links) und Absenken (rechts)

der Trieb der Länge nach horizontal im Boden befestigt. Hier entstehen, je nach Anzahl der vorhandenen Augen, mehrere Jungpflanzen aus einem Trieb. Voraussetzung für beide Vermehrungsmethoden ist ein krümeliger, humusreicher Boden. Am besten bewurzeln sich einjährige Triebe. Bei Rhododendren nutzt man in der Regel mehrjährige Triebe, da sie nur kurze Jahrestriebe bilden, die für diese Methoden ungeeignet sind.

Beim Absenken wird in den zuvor gelockerten Boden mit dem Spaten ein Spalt gestochen, in den der Trieb dann in einem kurzen Bogen hineingesteckt und bei Bedarf mit einem Haken festgesteckt wird. Damit der Trieb durch das scharfe Knicken nicht abbricht, wird er an der Biegestelle, an der auch die Bewurzelung erfolgt, leicht gedreht. Durch das Aufreißen der Rinde wird die Wurzelbildung gefördert. Die Zweigspitze ragt dabei aus der Erde heraus. Bei sehr lang- und dünntriebigen Gehölzarten (z. B. Kletterpflanzen) kann ein Trieb mehrmals hintereinander in Wellenlinien abgesenkt werden.

Abmoosen

Alle Gehölze, die sich auch sonst vegetativ vermehren lassen, können durch Abmoosen vermehrt werden. Dazu verwendet man in der Regel mehrjährige Triebe. Im Frühjahr wird an der Stelle, an der später die Jungpflanze abgenommen werden soll, auf der Vorder- und Rückseite des Sprosses ein kerbenartiger Einschnitt angebracht. In die Kerben klemmt man ein kleines Hölzchen, ein Steinchen oder ein Kunststoffstäbchen. Dabei ist darauf zu achten, dass der verwendete Gegenstand nicht aus der Schnittstelle herausfällt, da die Schnittstelle sonst wieder verwachsen und eine Wurzelbildung unterbleiben könnte.

Um eine schnelle und sichere Bewurzelung zu erreichen, empfiehlt es sich, die Schnittstelle mit einem Bewurzelungshormon einzupudern. Den Spross umgibt man anschließend an der Schnittstelle mit feuchtem Torfmoos (Sphagnum), das mit einer Hülle aus Kunststoff- oder Aluminiumfolie umgeben wird. Diese wird oben und unten zugebunden.

Man kann anstelle des Torfmooses und der Folie auch aufgeschnittene Kunststofftöpfe mit Erde verwenden. Der Moosballen bzw. die Erde muss bis zur Abnahme der bewurzelten Jungpflanze ständig feucht gehalten werden, da sonst keine Wurzeln gebildet werden.

Bis zum Herbst haben sich in der Regel ausreichend Wurzeln gebildet. Es kann aber auch bis zu drei Jahre dauern, bis der Luftableger abgenommen werden kann. Entfernen Sie dann vorsichtig die Umhüllung und schneiden Sie den Spross unterhalb des durchwurzelten Moosballens ab. Schlagen Sie die Jungpflanze den Winter über an einer geschützten Stelle ein oder topfen Sie sie in einen Container.

Beim Abmoosen wird die zur Wurzelbildung anzuregende Region mit Torfmoos umhüllt und danach mit Alufolie umgeben.

Stecklinge von Laubgehölzen

Laubabwerfende Arten werden in der Regel von Juni bis August vermehrt. Der Steckling sollte bei ihnen weder zu hart noch zu weich sein. Als Anhaltspunkt mag dienen, dass die Rinde an der Schnittstelle leicht gebräunt sein sollte, ein Zeichen dafür, dass das Verholzen einsetzt. Die Vermehrung immergrüner Arten erfolgt etwa von August bis Oktober. Im Gegensatz zu den laubabwerfenden Arten sollten die Stecklinge der Immergrünen gut ausgereift sein, d. h. mehr oder weniger stark verholzt, und ihr Wachstum abgeschlossen haben. Die Triebspitze darf nicht mehr weich sein.

Der Schnitt der Stecklinge erfolgt mit einem scharfen Messer oder einer Schere. Es ist dabei nicht unbedingt notwendig, unmittelbar unter dem Blattansatz (Knoten oder Nodium) zu schneiden. Denn es gibt eine große Anzahl von Arten, die zwischen den Nodien ebenso gut Wurzeln bilden können. Die Länge des Stecklings richtet sich nach dem Abstand der Knoten

Geschnitten werden die Stecklinge 3–5 mm unter dem Blattansatz.

und beträgt je nach Pflanzenart zwischen 5 und 15 cm. Entfernen Sie die unteren Blätter. Bei stark verholzten und schwer wurzelnden Stecklingen empfiehlt es sich, den Steckling an der Basis zu verwunden. Je nach Stärke des Stecklings wird dazu ein bis zu 2 cm langer Rindenstreifen durch einen abwärts geführten Schnitt bis auf das Kambium entfernt.

Wie genau gesteckt wird und welche weiteren Pflegemaßnahmen erforderlich sind, können Sie auf Seite 27 nachlesen.

Die zur Wurzelbildung benötigte Zeit ist von Pflanzenart zu Pflanzenart verschieden. Sind die Stecklinge bewurzelt, werden sie entweder einzeln in Töpfe oder zu mehreren in Kisten gepflanzt und zunächst noch am bisherigen Standort belassen. Um schnell starke Pflanzen zu erhalten, muss man sehr darauf achten, dass sie immer im Wachstum bleiben, da ein Wachstumsstillstand gleichbedeutend mit einem Triebabschluss ist. Die Stecklinge werden erst nach und nach an die frische Luft gewöhnt (abgehärtet) und schließlich ins Freie gebracht. Je nach Empfindlichkeit oder Wert lässt man die Pflanzen zunächst in Töpfen stehen, bevor sie im Garten ausgepflanzt oder anderweitig verwendet werden.

Stecklinge von Nadelgehölzen

Der günstigste Zeitraum für den Stecklingsschnitt dauert von Anfang August bis Ende September. Er ist aber auch früher möglich und kann im Gewächshaus bzw. bei bestimmten Arten den ganzen Winter über durchgeführt werden. Der Hobbygärtner, dem kein Gewächshaus zur Verfügung steht, sollte möglichst früh vermehren, um die natürliche Wärme recht lange ausnutzen zu können.

Nadelgehölzstecklinge müssen an der Basis ausreichend verholzt sein, da nicht verholzte restlos wegfaulen. In der Regel verwendet man einen diesjährigen Trieb in seiner ganzen Länge, der einen kleinen Ansatz des alten Holzes aufweist. Dazu werden die Stecklinge vom Trieb abgerissen oder abgeschnitten. Beim Reißen wird der Trieb mit einem kurzen Ruck von der Pflanze abgerissen, die verbleibende Rindenzunge bis auf einen kurzen Rest abgeschnitten. Dies ist wichtig, da sich der Steckling sonst mitunter nicht stecken lässt. Man kann aber auch mit dem Messer kurz unterhalb des Triebansatzes einen Einschnitt vornehmen und dann den Steckling mit kurzem Ruck abreißen. Eine weitere Möglichkeit ist der Schnitt auf Astring, d. h. scharf entlang des alten Holzes. Die Spitzentriebe sind vor dem Übergang zum vorjährigen Holz zu schneiden.

Je nach Triebstärke der einzelnen Arten ergeben sich recht unterschiedliche Stecklingsgrößen. So schneidet man Stecklinge von Zwergkoniferen auf eine Länge von 2–4 cm, dagegen können Stecklinge von Scheinzypresse (*Chamaecyparis*) und Wacholder (*Juniperus*) 15–20 cm lang sein. Besonders üppige, starke und sehr saftreiche Triebe sollten nicht verwendet werden, da sie sich nur schlecht oder überhaupt nicht bewurzeln. Zu beachten ist, dass sich die Entnahmestelle auf die spätere Wuchsform auswirkt. So wird man aus Seitenzweigen von baumförmigen Fichten- und Tannenarten nur selten wieder baumförmige Pflanzen erzielen. Sie wachsen in der Regel wie Seitenzweige weiter. Daher sind nur Triebspitzen zu verwenden. Bei Zwergformen spielt die Entnahmestelle keine große Rolle, hier können Sie frei wählen.

Das untere Ende des Stecklings muss vor dem Stecken von Nadeln befreit werden, damit ein inniger Kontakt zum Substrat gewährleistet ist. Lediglich bei Zwergkoniferen kann man die Nadeln belassen. Bei schwer wurzelnden Arten empfiehlt es sich, den Steckling am unteren Teil seitlich zu verwunden. Hierzu wird auf einer Seite des Stecklings ein etwa 2–3 cm langer Rindenstreifen bis auf das Kambium entfernt. Bei überlangen Stecklingen von *Thuja*, *Chamaecyparis* und anderen Arten sollten die krautigen Spitzen entfernt werden.

Das Stecken der Nadelgehölzstecklinge und die erforderlichen Pflegemaßnahmen entsprechen denen, die für die Stecklinge im Allgemeinen auf Seite 27 bis 30 genannt sind. Zur Bewurzelung sind Temperaturen von 18–22 °C ideal.

Durch Steckhölzer vermehren

Ein Steckholz ist ein unbeblättertes, verholztes Triebstück, das zur vegetativen Vermehrung benutzt wird. Durch Steckholz vermehrt man vor allem Blütensträucher.

Die Triebe für die Steckholzgewinnung werden nach dem Laubfall von November bis Januar geschnitten. Als Steckholz verwendet man kräftige einjährige, verholzte Triebe. Die obersten,

Bei Nadelgehölzen empfiehlt sich die Verwendung von Bewurzelungshormonen.

schwachen, kaum ausgereiften oder zu markigen Spitzen der Triebe sind ungeeignet. Die in der ganzen Länge abgeschnittenen Triebe können sofort zu Steckholz verarbeitet werden oder man bündelt sie und schlägt sie an einem kühlen, frostfreien Ort ein. Als Einschlagort eignen sich Keller, Schuppen, Gartenhäuser, Garagen oder ein geschützter Ort im Freien. Als Einschlagsubstrat hat sich Sand bewährt. Die Triebe werden mindestens so tief eingeschlagen, d. h. eingegraben, dass ein Drittel vom Einschlagsubstrat bedeckt ist. Das Schneiden des Steckholzes erfolgt dann im Laufe des Winters.

Die Länge eines Steckholzes richtet sich nach dem Abstand der Blattansätze. Üblich ist eine Länge von 15–30 cm. In der Regel genügt es, wenn zwei gute Augen bzw. Augenpaare vorhanden sind. Geschnitten wird mit einer Schere. Am unteren Ende sollte der Schnitt etwa 3 mm unterhalb eines Auges (Knoten) verlaufen. Über dem oberen Auge belässt man ein etwa 1–2 cm langes Stück, um ein Austrocknen des Steckholzes von oben her zu verhindern. Ob der Schnitt gerade oder schräg ausgeführt wird, ist für den Bewurzelungserfolg unerheblich. Allerdings empfiehlt es sich, ein Ende schräg zu schneiden, um später beim Stecken zu wissen, wo oben und unten ist. Steckhölzer bilden Wurzeln immer am ursprünglich unteren Ende, unabhängig davon, wie man sie in die Erde bringt.

Fertig geschnittene Steckhölzer der Blut-Johannisbeere *Ribes sanguineum* ('King Edward VII').

Nach dem Schneiden kommt das geschnittene und gebündelte Steckholz ebenfalls bis zum Stecken im Frühjahr in den Einschlag. Dabei ist darauf zu achten, dass die Bündel ganz von Sand bedeckt sind. Im Einschlag muss es lange kühl bleiben, damit ein vorzeitiges Austreiben der Steckhölzer verhindert wird. Denn Temperaturen über 5 °C könnten zum notwendigen Anreiz führen. Sie können die Steckhölzer auch bei Temperaturen von −1 bis +3 °C in einem Kühlschrank lagern. Packen Sie dann das Steckholz zuvor in Folie, um Verdunstungsverluste zu vermeiden. So machen Sie sich weitgehend von dem durch die Witterung bestimmten Stecktermin unabhängig.

Das Stecken also Einpflanzen der Steckhölzer erfolgt im Allgemeinen etwa ab Ende März, wenn keine starken Fröste mehr zu erwarten sind, auf gut vorbereitetem, humusreichem, tief gelockertem Gartenboden. Man kann jedoch auch in hohe Blumentöpfe oder andere hohe Gefäße stecken.

Im Freiland wird in Reihen mit einem Abstand zwischen den Reihen von 15–25 cm und in den Reihen von 5–10 cm gesteckt. Man steckt senkrecht und so tief, dass das oberste Auge oder Augenpaar noch aus dem Boden herausschaut. Anschließend wird die Erde gut angedrückt, damit das Steckholz allseitig mit Erde umgeben ist.

Wurzelschnittlinge: Die Wurzeln der Kornelkirsche *(Cornus mas)* werden in etwa 5 cm lange Stücke geschnitten, in den Topf gelegt und leicht mit Erde bedeckt.

Wurzelschnittlinge

Wurzelschnittlinge werden im Spätherbst gewonnen. Dazu legt man die Wurzeln der Mutterpflanze frei und schneidet bleistift- bis fingerstarke Wurzeln ab. Die Wurzeln werden in Kisten mit feuchtem Torf eingeschlagen und bis zur Verarbeitung an einem frostfreien Ort aufbewahrt, an dem sie nicht austrocknen dürfen. Im Laufe des Winters werden die Wurzeln mit einer Schere oder einem Messer in etwa 5 cm lange Stücke geschnitten. Da die Wurzeln am oberen Ende Sprosse und am unteren Ende Wurzeln bilden, ist es sinnvoll, ein Ende mit einem Schrägschnitt zu kennzeichnen.

Die fertigen Wurzelschnittlinge werden senkrecht oder leicht schräg so in eine Kiste oder einen Blumentopf gesteckt, dass sie 1–2 cm hoch mit Vermehrungssubstrat bedeckt sind. Die Gefäße werden anschließend gründlich gewässert und bis zum beginnenden Durchtrieb im Frühjahr kühl aufgestellt.

Sobald sich der Durchtrieb zeigt, was schon ab Ende Februar der Fall sein kann, werden die Gefäße hell, aber frostfrei aufgestellt. Härten Sie die Pflanzen dann nach und nach ab und schulen Sie sie schließlich bei entsprechender Größe im Garten auf bzw. pflanzen Sie sie in Töpfe. Häufig erfolgt der Durchtrieb sehr ungleichmäßig. In solchen Fällen werden die stärksten Pflanzen herausgenommen, während man die schwachen Pflanzen noch länger im Gefäß belässt.

Laubgehölze

Dieser spezielle Teil enthält Tipps und Informationen zum Vermehren von rund 80 Laubgehölzgattungen bzw. -arten. Neben gebräuchlichen finden Sie hier auch weniger verbreitete Methoden zur Vermehrung. Zusätzlich werden Hinweise zu den günstigsten Vermehrungszeiten gegeben. Da bei der Stecklingsvermehrung es generell sinnvoll ist, Wuchsstoffe zu verwenden, wurden bei den Gattungen bzw. Arten bewusst keine speziellen Angaben gemacht. Wenn nichts anderes erwähnt wird, ist die Stecklingsvermehrung immer bei hoher Luftfeuchtigkeit, bei sogenannter gespannter Luft, durchzuführen.

Amerikanischer Amberbaum; *Liquidambar styraciflua*
Aussaat, Absenker und Stecklinge (im Juli). Bei der Aussaat ist man auf importiertes Saatgut angewiesen.

Angelikabaum; *Aralia elata*
Am besten durch Abtrennen von Ausläufern oder Wurzelschnittlinge. Aussaat ist ebenfalls möglich. Die Keimung erfolgt jedoch oft erst im zweiten Jahr nach der Aussaat.

Wild- und Zier-Äpfel; *Malus*
Sortenecht durch Ableger und Stecklinge. Steckholzvermehrung ist möglich. Aussaat noch im Spätherbst auf Freilandbeete oder in Kisten, die man im Freien aufstellt.

Ahorn; *Acer*
Arten durch Aussaat, Kulturformen und Selektionen vegetativ durch Absenker oder Stecklinge (schwierig). Aussaat am besten direkt nach Samenreife (ab September). So erhalten die Samen die notwendige Kältebehandlung auf natürlichem Wege.

Azalee, Rhododendron; *Rhododendron*
Durch Aussaat (kommt nur bei der Vermehrung der Wildarten in Frage), Absenker und Stecklinge. Der beste Zeitpunkt für die Vermehrung immergrüner Rhododendren durch Stecklinge ist die Zeit von August bis Ende Oktober, für die der kleinblumigen Zwergrhododendren Ende Juni bis Anfang Juli, die Sommergrünen schneidet man bevorzugt im Juni.

Clandon-Bartblume; *Caryopteris × clandonensis*
Durch Stecklinge während der gesamten Vegetationsperiode oder durch Absenken.

Berberitze; *Berberis*
Die sommer- und immergrünen Berberitzen werden durch Aussaat oder Stecklinge vermehrt. Bei entsprechend wachsenden Arten bzw. Kulturformen ist auch eine Teilung möglich. Einzelexemplare lassen sich sicher durch Absenker vermehren. Aussaat am Besten gleich nach der Ernte unter Glas. Von den sommergrünen Arten schneidet man Stecklinge im Juli. Stecklinge von immergrünen Arten schneidet man erst im September.

Rot-Buche; *Fagus sylvatica*
Aussaat. Die Ernte der Samen erfolgt im Oktober. Am besten ist es, gleich nach der Ernte im Herbst auszusäen. Reichen die Zweige bis zum Boden,

sind auch Ableger möglich. Alternativ kann man abmoosen.

Europäischer Buchsbaum; *Buxus sempervirens*

Durch Stecklinge vom Frühjahr (vor Triebbeginn) bis in den späten Herbst hinein. Man verwendet einjährige Triebe oder auch kleinere Zweige mit kurzen Seitentrieben. Als Verdunstungsschutz kann man für kleinere Mengen gut ein Einweckglas (Foto) über den Topf stülpen. Einzelne Pflanzen lassen sich sicher durch Absenker bzw. Ableger vermehren.

Deutzie; *Deutzia*

Alle starkwachsenden Arten wie *D.* × *hybrida*, *D.* × *magnifica*, *D. scabra* (Foto) und *D.* × *rosea* werden bevorzugt durch Steckholz vermehrt, alle schwachwachsenden Arten wie *D. gracilis* und *D.* × *kalmiiflora* durch Stecklinge. Steckhölzer schneidet man auf 10–20 cm Länge, Stecklinge von Juni bis Juli. Aussaat der feinen Samen im Frühjahr unter Glas.

Eberesche; *Sorbus*

Aussaat nur bei den Arten. Stecklinge sind möglich, doch nicht immer erfolgreich. Reichen die Äste bis zum Boden, kann man auch absenken. Aussaat am besten gleich nach Samenreife im Herbst ins Freiland.

Eiche; *Quercus*

Die Aussaat ist üblich. Eine Vermehrung durch Stecklinge ist im Juni bis Juli bei hohen Bodentemperaturen um ebenfalls 30 °C möglich. Absenker oder ein Abmoosen gelingen auch, doch dauert die Wurzelbildung zwei Jahre oder noch länger.

Die Ernte der Eicheln erfolgt im Oktober bis November, sie vertragen keinerlei Feuchtigkeitsentzug, weshalb man am besten sofort nach der Ernte aussät. Die Samen lassen sich aber auch mit feuchtem Sand vermischt bis zur Aussaat im Frühjahr kühl lagern.

Eisenholzbaum, Parrotie; *Parrotia persica*
Aussaat, Absenker oder Stecklinge (Juni bis Juli). Bei der Aussaat ist man auf gekauftes Saatgut angewiesen. Samen zunächst für etwa zwölf Wochen warm und danach die gleiche Zeit kalt stratifizieren.

Essigbaum; *Rhus*
Ausläufer, Wurzelschnittlinge, weniger durch Aussaat. Stecklinge können von Juni bis Juli geschnitten werden. Aussaat im Frühjahr. Bei der Verarbeitung der Wurzeln sind unbedingt Handschuhe zu tragen. Der klebrige, ätzende Saft des Essigbaums ist giftig und verursacht auf der Haut Schwellungen und Reizungen.

Federbuschstrauch; *Fothergilla*
Absenker und Aussaat. Bis die Absenker ausreichend bewurzelt sind, dauert es allerdings meist zwei Jahre. Samen unterliegen einer starken Keimhemmung, für etwa 24 Wochen warm und danach für zwölf Wochen kalt stratifizieren. Stecklinge bei hohen Bodentemperaturen möglich.

Felsenbirne; *Amelanchier*
Aussaat, Teilung oder Ablegen, Stecklinge und Wurzelschnittlinge (z. B. *A. alnifolia* und *A. lamarckii*). Aussaat gleich nach der Samenreife, Stecklinge schneidet man im Juni.

Feuerdorn; *Pyracantha*
Die Vermehrung durch Stecklinge, die von Juli bis September geschnitten werden, steht im Vordergrund. Eine Aussaatvermehrung ist sehr langwierig, denn die Keimung erfolgt in der Regel erst im zweiten Frühjahr nach der Aussaat.

Fingerkraut; *Potentilla*
Absenker, durch Teilung nach Anhäufeln, im Allgemeinen durch Stecklinge von Mai bis August. Eine Vermehrung durch Steckholz ist möglich.

Flieder; *Syringa*
S. × chinensis oder *S. reflexa* durch Steckholz vermehren. Auch Stecklinge sind von Ende Mai bis Anfang Juni möglich. Zur Gewinnung weniger Pflanzen eignet sich das Ablegen oder Absenken.

Forsythie, Goldglöckchen; *Forsythia*
Ableger, Steckhölzer oder Stecklinge. Die Aussaat ist für Züchtungszwecke von Bedeutung. Aussaat gleich nach der Ernte der Samen im Herbst unter Freilandbedingungen. Stecklinge schneidet man von Juli bis August.

Geißblatt, Heckenkirsche; *Lonicera*
Stecklinge (Juni bis August), starkwachsende Arten und Sorten auch durch Steckholz vermehrbar. Aussaat ist nur bei den Wildarten zu empfehlen. Einfach ist die Vermehrung durch Ableger bzw. Absenker.

Geißklee, Besenginster; *Cytisus*
Am besten durch Stecklinge von Juli bis August. Bei Aussaat ist die harte Samenschale aufzurauen.

Ginster; *Genista*
Aussaat oder Stecklinge, für einzelne Pflanzen Absenker. Aussaat nach trockener Lagerung und Aufrauen der Samenschale im Frühjahr unter Glas.

Glanzmispel; *Photinia*
Einfach ist die Vermehrung durch Ableger bzw. Absenker. Kopf- und Teilstecklinge werden bevorzugt im Sommer geschnitten.

Goldregen; *Laburnum*
L. anagyroides vermehrt man in der Regel durch Aussaat, *L.* × *watereri* durch Steckholz. Eine Stecklingsvermehrung ist von Mai bis Juni möglich. Die harte Samenschale ist aufzurauen. Als Steckholz verwendet man vorjährige, gut verholzte Zweige.

Götterbaum; *Ailanthus altissima*
Aussaat, Wurzelschnittlinge oder Ausläufer. Aussaat gleich nach der Samenernte im Herbst.

Gewöhnliche Hainbuche; *Carpinus betulus*
Die Art wird durch Aussaat vermehrt, für Kulturformen kommt eine Stecklingsvermehrung in Frage. Zur Gewinnung einzelner Pflanzen ist das Absenken zu empfehlen. Aussaat am besten noch im Herbst, da sonst eine starke Keimhemmung entsteht. Stecklinge werden von Juni bis Juli oder auch noch im August geschnitten. Eine seitliche Verwundung der Basis fördert die Bewurzelung, die grundsätzlich sehr langsam erfolgt.

Hartriegel; *Cornus*
Am einfachsten durch Ableger oder Absenker, größere Mengen werden je nach Art durch Wurzelschnittlinge, Steckhölzer oder Stecklinge vermehrt. Bei *C. canadensis* (Kanadischer Hartriegel) ist auch eine Vermehrung durch Teilung möglich. Trocken gelagertes Saatgut unterliegt einer starken Keimhemmung. Deshalb sollte nach Möglichkeit sofort nach der Samenernte ausgesät werden. Stecklinge schneidet man von Juni bis Juli. Durch Steckholz werden insbesondere *C. sanguinea, C. alba* und *C. sericea* sowie ihre Sorten vermehrt. *C. mas* (Kornelkirsche) und *C. sanguinea* lassen sich durch Wurzelschnittlinge im Frühjahr vermehren.

Haselnuss; *Corylus*
C. avellana, *C. colurna*, *C. maxima* und ihre Sorten vermehrt man am einfachsten durch Absenker, Ableger, Anhäufeln oder Stecklinge. Für eine Aussaat sollten die Früchte, die von Juli bis September reifen, vor ihrer Vollreife geerntet werden, solange die Fruchthülle noch grün ist. Sie werden dann von ihrer Fruchthülle befreit und am besten sofort im Freien ausgesät.

Holunder; *Sambucus*
Die Vermehrung erfolgt durch Aussaat, Steckholz, Stecklinge (Juni bis Juli) oder Absenker.

Hortensie; *Hydrangea*
Stecklinge, Steckholz und Anhäufeln. *H. quercifolia* (Eichenblättrige Horten-

sie) lässt sich auch durch Wurzelschnittlinge vermehren.

Immergrün; *Vinca*
Durch Teilung bzw. durch Abschneiden bewurzelter Ausläufer oder bei größeren Stückzahlen durch Stecklinge von Juni bis September.

Zier-Johannisbeere; *Ribes*
Anhäufeln, Ableger, Steckholz oder Stecklinge (Juni bis Juli). Vermehrung über Aussaat am besten gleich nach der Samenreife. Stecklinge sollen an der Basis noch krautig, aber bereits ausgereift sein.

Johanniskraut; *Hypericum*
Stecklinge (Juni bis Oktober), für wenige Exemplare Teilung oder Ableger. Aussaat im Frühjahr unter Glas.

Edel-Kastanie, Marone; *Castanea sativa*
Üblich ist die Vermehrung durch Aussaat. Für die Gewinnung einzelner Pflanzen ist auch das Abmoosen geeignet. Die Aussaat erfolgt gleich nach der Samenreife im Herbst unter frostfreien Bedingungen.

Katsurabaum; *Cercidiphyllum japonicum*
Durch Aussaat, Ableger oder Stecklinge (Ende Mai bis Juli). Aussaat der feinen Samen im Frühjahr unter Glas, bei 20–25 °C.

Kirschlorbeer; *Prunus laurocerasus*
Stecklinge (Juni bis Oktober), Absenker oder Anhäufeln. Aussaat direkt nach der Reife der Samen im Herbst möglich.

Kolkwitzie; *Kolkwitzia amabilis*
Stecklinge (im Juni), Absenker, auch Steckholz ist möglich. Aussaat, eher unüblich, nach trockener Lagerung der Samen im Frühjahr unter Glas.

Liguster, Rainweide; *Ligustrum*
Stecklinge oder Steckhölzer. Aussaat nach Samenernte noch im Herbst.

Linde; *Tilia*
Die Aussaat ist üblich. Möglich sind auch Absenker, Steckholz und Stecklinge. Ernte der Samen vor der Vollreife und gleich ins Freiland aussäen. Grundsätzlich muss mit einem Überliegen der Samen gerechnet werden. Nicht selten kommt es bei einem Teil der Samen erst im dritten Jahr nach der Aussaat zur Keimung.

Portugiesische Lorbeerkirsche; *Prunus lusitanica*
Vermehrung siehe Kirschlorbeer.

Lorbeerrose; *Kalmia*
Absenker oder Aussaat sind die üblichen Methoden der Vermehrung. Stecklinge sind schwierig, aber mög-

lich. Aussaat gleich nach der Ernte der Samen im Herbst.

Losbaum; *Clerodendrum trichotomum* var. *fargesii*
Aussaat, krautige Stecklinge von Juli bis August, durch Wurzelschnittlinge oder auch Teilung. Aussaat unter Glas sofort nach der Ernte der Früchte, die erst spät im Jahr reifen.

Magnolie; *Magnolia*
Absenker und Stecklinge. Schnitt der Stecklinge im Juni/Juli, die Triebe sollten gut ausgereift, an der Basis aber noch grün oder nur leicht bräunlich verfärbt sein. Bei Aussaat sind die Samen für etwa acht bis zwölf Wochen kalt zu stratifizieren und anschließend unter Glas auszusäen.

Mahonie; *Mahonia*
Stecklinge (im September), Teilung oder Absenker. Aussaat gleich nach der Samenreife unter Glas.

Echte Mispel; *Mespilus germanica*
Üblicherweise durch Okulation oder Spaltpfropfen auf Weißdornsämlinge (*Crataegus*). Ableger möglich. Bei wurzelechten Pflanzen auch Wurzelschnittlinge möglich.

Pappel; *Populus*
Ausläufer, Stecklinge (im Juni bis Juli), Steckholz, Aussaat. Die Aussaat erfolgt nach der Reife der Samen im Mai bis Juni.

Europäischer Perückenstrauch; *Cotinus coggygria*
Mittels Ableger bzw. Absenker, Aussaat, Stecklinge und Wurzelschnittlinge. Stecklinge werden von Juni bis Juli geschnitten. Steckholzvermehrung ist möglich.

Pfeifenstrauch, Sommerjasmin; *Philadelphus*
Durch Steckholz, Stecklinge (im Sommer), Anhäufeln oder Absenker. Aussaat nur für die Arten selbst, im Frühjahr unter Glas. Vor allem die starkwachsenden Formen bzw. Arten vermehrt man durch Steckholz.

Bastard-Platane; *Platanus* × *hispanica*
Steckholzvermehrung ist die übliche Methode. Zwar ist auch bei dieser Hybride wie bei ihren Eltern eine Aussaat möglich, doch gehen dabei viele gute Eigenschaften verloren.

Ranunkelstrauch, Kerrie; *Kerria japonica*
Stecklinge (Juni bis September), Steckholz, Ausläufer, aber auch durch vorsichtiges Teilen. Aussaat ist möglich, jedoch nicht üblich.

Robinie, Gewöhnliche Scheinakazie; *Robinia pseudoacacia*
Mittels Ausläufer (Wurzelbrut) oder Wurzelschnittlinge. Steckholz- und Stecklingsvermehrung ist möglich, aber schwierig.

Rose; *Rosa*
Stecklingsvermehrung ist üblich. Wildrosen werden ausgesät. Wurzelschnittlinge sind z. B. bei *R. virginiana* und *R. nitida* möglich. Für die Aussaat werden die Früchte (Hagebutten) bei Vollreife geerntet, die Samen ausgewaschen und am besten gleich ausgesät. Stecklinge werden am besten im Juni

bis Juli geschnitten. Man nimmt dazu Triebe, bei denen die Blütenknospen gerade Farbe zeigen, und schneidet daraus Teilstecklinge mit einem oder zwei Blattansätzen (Foto). Zur Bewurzelung sind Bodentemperaturen von 20–25 °C erforderlich.

Echter Roseneibisch; *Hibiscus syriacus*

Vermehrung über Stecklinge, Steckholz oder Aussaat mit gekauftem Saatgut möglich. Aussaat im Frühjahr unter Glas. Stecklinge gleich nach dem Austrieb im Frühjahr schneiden, bevor sich die Blütenknospen entwickeln.

Rosskastanie; *Aesculus*

Die Arten werden in der Regel durch Aussaat vermehrt (Foto). *A. parviflora* (Strauch-Rosskastanie) lässt sich auch durch Absenker, Wurzelschnittlinge und Stecklinge vermehren.

Sanddorn; *Hippophae rhamnoides*

Sanddorn ist zweihäusig, weshalb sich zu seiner Vermehrung insbesondere vegetative Verfahren anbieten. Denn in der Regel wird man den weiblichen Pflanzen aufgrund der zierenden Früchte den Vorzug geben. Vegetative Vermehrung einfach durch Ausläufer. Eine Vermehrung durch Stecklinge und Steckholz ist machbar, aber nicht immer befriedigend, auch Wurzelschnittlinge sind möglich.

Scheinbuche; *Nothofagus antarctica*

Aussaat, Absenker, Steckholz und Stecklinge (im Sommer). Bei Aussaat ist man in der Regel auf importiertes Saatgut angewiesen.

Schneeball; *Viburnum*
Teilung, Absenker, Steckholz oder Stecklinge. Die Arten auch durch Aussaat, gleich nach der Samenreife im Herbst. Eine Steckholzvermehrung ist vor allem bei *V. opulus (Gewöhnlicher Schneeball)* und *V. plicatum* (Japanischer Schneeball) möglich. Die Stecklingsvermehrung ist für immergrüne sowie kleinbleibende Arten und Sorten wie *V. × burkwoodii, V. davidii* und *V. rhytidophyllum* von Bedeutung.

Schneebeere; *Symphoricarpos*
Steckhölzer, Stecklinge (Juni bis September), Ausläufer, Absenker oder Anhäufeln. Aussaat noch im Spätherbst nach der Samenreife.

Schönfrucht; *Callicarpa bodinieri*
Üblicherweise durch Kopfstecklinge im Juli/August. Aussaat ohne jegliche Vorbehandlung der Samen direkt nach der Reife im Herbst.

Seidelbast; *Daphne*
Am einfachsten durch Ableger von Juni bis Juli und Stecklinge von Juni bis September nach Triebabschluss vermehrbar; *D. cneorum* (Rosmarin-Seidelbast) auch durch Anhäufeln. Für Aussaat Früchte vor der Vollreife ernten und sofort aussäen.

Skimmie; *Skimmia japonica*
S. japonica ist eine zweihäusige Art, die üblicherweise durch Stecklinge (Juni bis September) vermehrt wird, da das Aussäen Pflanzen mit unbekannter Geschlechterzugehörigkeit liefert. Einzelne Exemplare lassen sich auch recht leicht durch Absenker vermehren.

Sommerflieder; *Buddleja*
Durch Stecklinge von Mai bis August. Aussaatvermehrung mit selbst geerntetem Saatgut im März bis April unter Glas möglich.

Spierstrauch; *Spiraea*
Steckholz, Stecklinge (im Juni), Ausläufer, Teilung, Absenker oder Anhäufeln. Auch eine Aussaat ist möglich. Steckholzvermehrung vor allem bei den starkwachsenden Arten wie *S. japonica*, *S. japonica* 'Bumalda' und *S. × vanhouttei*.

Spindelstrauch, Pfaffenhütchen; *Euonymus*
Am einfachsten durch Absenker, Ausläufer oder Stecklinge zu vermehren. Wurzelschnittlinge sind möglich. Aussaat nur bei den reinen Arten. Stecklinge von immergrünen Arten von August bis September, sommergrüne Arten bzw. Kulturformen steckt man von Mai bis Juni.

Stechpalme; *Ilex*
Aussaat, Stecklinge und Absenken. Samen unterliegen einer starken Keimhemmung. Nach der Reinigung werden die Samen bis zum Frühjahr warm stratifiziert und im April bis Mai ausgesät. Stecklinge der immergrünen Arten schneidet man von Juli bis Oktober, sommergrüne Arten können auch schon früher geschnitten werden.

Strauch-Pfingstrose; *Paeonia × suffruticosa*
Für einzelne Exemplare sind Absenker empfehlenswert. Samen unterliegen einer starken Keimhemmung, sie sind nach der Ernte zunächst für etwa

zwölf Wochen warm und danach für zwölf Wochen kalt zu stratifizieren. Stecklinge von Mai bis Juni möglich.

Kaspische Tamariske; *Tamarix ramosissima*
Steckholz und Stecklinge (Juni bis Juli) üblich, einzelne Pflanzen durch Absenker.

Gewöhnlicher Trompetenbaum; *Catalpa bignonioides*
Aussaat, Wurzelschnittlinge und Stecklinge (Juni bis Juli). Ernte der Samen von Dezember bis Januar. Aussaat im Frühjahr unter Glas.

Ulme, Rüster; *Ulmus*
Aussaat, Absenker und Stecklinge (Juni bis Juli). Die Früchte reifen bei den meisten Arten schon im Mai bis Juni. Am besten ist es, gleich nach der Ernte ins Freiland auszusäen. Die Keimung erfolgt dann noch innerhalb der laufenden Vegetationsperiode. Das Foto zeigt Stecklinge von *U. parvifolia.*

Weide; *Salix*
Die meisten Weidenarten und ihre Kulturformen lassen sich leicht durch Steckhölzer oder Stecklinge (Juli bis August) vermehren. Wildformen können auch ausgesät werden.

Weigelie; *Weigela*
Steckholz, Stecklinge (Juni bis Juli) und Absenker. Aussaat der im Herbst geernteten Samen im Frühjahr in Kisten unter Glas.

Weißdorn, Rotdorn; *Crataegus*
Stecklinge sind möglich. Die Wildarten können durch Aussaat vermehrt werden. Die Samen unterliegen einer starken Keimhemmung. Ein frühes Sammeln der Früchte sowie eine sofortige Aussaat führen zur schnelleren und besseren Keimung.

Zaubernuss; *Hamamellis*

Kulturformen lassen sich sortenecht nur vegetativ vermehren. Für einzelne Pflanzen sind Absenker sinnvoll. Eine Vermehrung durch Stecklinge und Steckholz ist möglich, aber schwierig. Aussaat am besten gleich nach der Samenreife im Herbst.

Zierformen von Pflaume, Kirsche, Pfirsich, Mandel und Aprikose; *Prunus*

Eine Aussaat ist nur bei den Arten selbst möglich. Die Kulturformen werden alle vegetativ durch Absenker, Ausläufer bei *P. tenella* (Russische Zwerg-Mandel) und *P. spinosa* (Schlehe), Stecklinge und Steckholz vermehrt.

Zierquitte; *Chaenomeles*

Die zahlreichen Sorten der Zierquitte können echt nur vegetativ vermehrt werden. In Frage kommen Wurzelschnittlinge und Stecklinge. Braucht man nur wenige Pflanzen, bieten sich Absenker an. Die Stecklingsvermehrung erfolgt am besten im Juni.

Zwergmispel; *Cotoneaster*

Die zahlreichen *Cotoneaster*-Arten und ihre Kulturformen lassen sich am einfachsten durch Ableger, Absenker und Stecklinge vermehren. Durch Aussaat vermehrte Pflanzen fruchten in der Mehrzahl weniger reich. Die Stecklingsvermehrung ist praktisch während der gesamten Vegetationsperiode möglich.

Nadelgehölze

Hier finden Sie Anleitungen und Tipps für die Vermehrung von den bei uns häufigsten Nadelgehölzgattungen bzw. -arten. Neben gebräuchlichen werden auch weniger verbreitete Methoden genannt und Informationen zu den günstigsten Vermehrungszeiten gegeben. Bei der Vermehrung über Stecklinge ist es generell empfehlenswert, Wuchsstoffe zu verwenden. Zusätzlich wichtig für den Erfolg dieser Methode: Sorgen Sie für eine konstant hohe Luftfeuchtigkeit!

Araukarie; *Araucaria araucana*

Aussaat importierter Samen bei Temperaturen um 20 °C, am besten direkt in kleine Töpfe. Samen mit der Spitze schräg nach unten in die Erde stecken.

Douglasie; *Pseudotsuga menziesii*

Aussaat nach trockener Lagerung der Samen im April bis Mai im Freiland oder auch unter Glas. Die Stecklingsvermehrung ist im zeitigen Frühjahr möglich.

Eibe; *Taxus*

Wildarten über Aussaat, die Kulturformen durch Stecklinge (Juli bis September). Aussaat direkt nach der Ernte im Herbst. Mit einer Keimung kann man im zweiten Frühjahr nach der Ernte rechnen. Stecklinge mit einem Stück altem Holz wurzeln in aller Regel am besten.

Fichte; *Picea*

Arten durch Aussaat, Kulturformen durch Stecklinge. Aussaat erfolgt in der Regel im April bis Mai ins Freiland. Stecklinge werden üblicherweise im August, teilweise aber auch schon von Februar bis April vor dem Austrieb oder im Juni kurz nach der Ausbildung der Endknospe geschnitten.

Goldlärche; *Pseudolarix amabilis*

Aussaat von März bis April unter Glas. Ernte der Zapfen kurz vor der Vollreife im September/Oktober.

Ginkgo, Mädchenhaarbaum; *Ginkgo biloba*

Aussaat üblich, die Kulturformen durch Stecklinge (schwierig). Aussaatkisten vier Wochen warm bei etwa 18 °C und dann vier bis acht Wochen bei Temperaturen um 5 °C aufstellen. Die Keimung erfolgt so meist nach drei bis vier Wochen. Die Samen können aber auch noch ein ganzes Jahr gelagert werden (Foto: gereinigte Samen).

Kanadische Hemlocktanne; *Tsuga canadensis*

Die Arten durch Aussaat, die Kulturformen durch Stecklinge (August bis September). Am besten im Herbst aussäen. Aussaat im Frühjahr nach Kaltstratifikation möglich.

Kiefer; *Pinus*
Aussaat, Kulturformen durch Stecklinge. Ernte der Zapfen im September bis Oktober, Aussaat im März bis April im Freiland oder auch unter Glas. Auf dem Foto sind Kiefernsamen zu sehen, rechts entflügeltes Saatgut.

Lärche; *Larix*
Aussaat, Sorten durch Stecklinge (Juli/August), Steckholzvermehrung ist möglich. Die Aussaat der im Herbst geernteten Samen muss im Frühjahr erfolgen.

Lebensbaum; *Thuja*
Die Arten durch Aussaat, die zahlreichen Sorten durch Stecklinge. Aussaat im Frühjahr ins Freiland. Stecklinge werden im September geschnitten, wenn die Basis der Stecklinge gut verholzt ist, oder auch im Frühjahr vor Beginn des Austriebs.

Mammutbaum; *Sequoiadendron giganteum*
Aussaat sofort nach Samenreife im Herbst unter Glas. Eine Stecklingsvermehrung im September ist möglich, Kopfstecklinge verwenden.

Scheinzypresse; *Chamaecyparis*
Kulturformen über Stecklinge, Arten auch durch Aussaat im Frühjahr unter Glas vermehrbar. Grundsätzlich ist die Keimfähigkeit bei Scheinzypressen nicht sehr hoch. Stecklinge von Juli bis September schneiden. Das Foto rechts zeigt den Stecklingsschnitt bei *C. obtusa* 'Nana Gracilis'.

Zweizeilige Sumpfzypresse; *Taxodium distichum*
Aussaat im März bis April. Auch eine Vermehrung durch Stecklinge und Steckhölzer ist möglich, doch nicht immer erfolgreich.

Tanne; *Abies*

Die Arten selbst werden ausschließlich ausgesät, die Kulturformen durch Stecklinge vermehrt. Die Ernte der Zapfen erfolgt bei den meisten Abies-Arten im September bis Oktober, Aussaat im nächsten Frühjahr. Stecklinge können im Juli bis August, September bis Oktober oder auch im März/April kurz vor dem Schwellen der Knospen geschnitten werden.

Urweltmammutbaum; *Metasequoia glyptostroboides*

Vermehrung durch Aussaat, Stecklinge (Juni bis Juli) oder auch Steckholz möglich. In der Regel muss Saatgut zugekauft werden. Frisches Saatgut keimt normalerweise ohne Vorbehandlung. Zur Stecklingsvermehrung verwendet man an der Spitze verzweigte Langtriebe, die gerade beginnen zu verholzen.

Wacholder; *Juniperus*

Kulturformen über Stecklinge (Juli bis September) und Ableger, Arten auch durch Aussaat. Die Ernte der Früchte (Beeren) erfolgt von Oktober bis November. Nach dem Auswaschen der Samen wird am besten gleich in Kisten oder auf Freilandbeete ausgesät.

Zeder; *Cedrus*

Arten durch Aussaat unter Glas, Kulturformen durch Stecklinge. Für Stecklinge verwendet man diesjährige Triebe, die im Spätherbst geschnitten werden. An der Basis sind sie seitlich zu verwunden.

Kletterpflanzen

Kletterpflanzen werden fast ausschließlich vegetativ vermehrt. Die Aussaat spielt nur im Rahmen der Züchtung neuer Sorten eine wichtige Rolle.

Fingerblättrige Akebie; *Akebia quinata*

Mittels Aussaat, Ableger, Stecklinge (im Sommer) oder Wurzelschnittlinge (November bis Februar). Aussaat erfolgt am besten sofort nach der Samenreife im Herbst unter Glas.

Rundblättriger Baumwürger; *Celastrus orbiculatus*

Über Wurzelschnittlinge und Stecklinge, die mit ein bis drei Knospen im Juni geschnitten werden. Dabei Basis des Stecklings seitlich verwunden.

Blauregen, Glyzine; *Wisteria*

Ableger oder Stecklinge (nicht immer erfolgreich), weniger durch Aussaat. Als Ableger verwendet man einjährige Triebe, die wellig eingelegt werden, so dass immer ein Triebstück über der Bodenoberfläche steht. Sie werden nach der Bewurzelung im Herbst geteilt. Als Stecklinge verwendet man leicht verholzte Triebstücke mit einem Auge, längere Triebstücke mit vier bis fünf Nodien oder auch ungekürzte, kurze Seitentriebe.

Efeu; *Hedera*

Die Stecklingsvermehrung steht im Vordergrund. Die Vermehrung ist praktisch ganzjährig möglich. Man verwendet Kopf- und Teilstecklinge mit in der Regel zwei bis drei Blattansätzen. Eine Aussaat muss sofort nach der Samenreife erfolgen.

Schling-Flügelknöterich; *Fallopia baldschuanica*

Durch Stecklinge (Juni bis August) oder mittels Steckholz aus starken, einjährigen Trieben.

Geißblatt, Heckenkirsche; *Lonicera*

Die kletternden *Lonicera*-Arten vermehrt man in der Regel durch Stecklinge, die im Juni bis Juli geschnitten werden. Selbst geerntetes Saatgut der Arten sät man im März bis April im Freiland aus.

Um durch Ableger zu vermehren, werden beim Blauregen die Triebe wellenförmig in den Boden gelegt.

Kletter-Hortensie; *Hydrangea anomala* supsp. *petiolaris*
Über Stecklinge, die im Mai bis Juni von Trieben gewonnen werden, deren Rinde sich noch nicht braun verfärbt hat. Einfach und sicher ist die Vermehrung durch Absenker.

Winter-Jasmin; *Jasminum nudiflorum*
Stecklinge (im Sommer von krautigen Trieben) oder Steckholz von zweijährigen Trieben. Aussaat im Frühjahr unter Glas.

Kiwi; *Actinidia*
Durch Ableger (am einfachsten), Stecklinge (Juni bis Juli) und Steckhölzer. Steckhölzer bewurzeln am besten bei hoher Luftfeuchte im geschlossenen Vermehrungsbeet.

Amerikanische Pfeifenwinde; *Aristolochia macrophylla*
Aussaat im Frühjahr, durch Ableger oder Stecklinge. Ableger (einjährige Triebe) in Wellenlinien ablegen.

Scheinrebe; *Ampelopsis*
Leicht durch Aussaat vermehrbar (im Frühjahr in Kisten unter Glas). Üblich über Stecklinge im Juli oder durch Steckhölzer im Frühjahr, auch Veredlung möglich.

Kletternder Spindelstrauch; *Euonymus fortunei*
Kopf- oder Teilstecklinge im Sommer, von denen man am besten gleich drei bis fünf Stecklinge zusammen in kleine Töpfe steckt.

Amerikanische Trompetenwinde; *Campsis radicans*
Ableger (einfach), Stecklinge im Sommer oder Wurzelschnittlinge im Frühjahr (nicht immer befriedigend).

Waldrebe; *Clematis*
Vegetativ vermehren üblich. Aussaat hat nur für die Arten Bedeutung. Einfach ist das Vermehren durch Ablegen. Als Stecklinge verwendet man Triebstücke mit einem Blattpaar.

Wilder Wein, Jungfernrebe; *Parthenocissus*
Durch Stecklinge (Juni bis August) oder Steckholz. Aussaat eher unüblich, aber möglich. Am besten direkt nach der Reife der Früchte im September bis Oktober ins Freiland. Als Stecklinge verwendet man Triebe mit zwei bis drei Augen. Eine seitliche Verwundung der Basis fördert die Wurzelbildung.

Obstgehölze

Nur wenige unserer Obstarten, u. a. einige Pfirsichsorten sowie die Walnuss, lassen sich sortenecht aus Samen vermehren. Für die Mehrzahl der Obstgehölze kommen lediglich vegetative Vermehrungsmethoden in Frage, die sich bei den meisten Obstbäumen auf die Veredlung beschränken. Die Veredlung ist ein besonderes Verfahren der vegetativen Vermehrung, bei der zwei Pflanzenteile dauerhaft miteinander verbunden werden. Dieses recht komplexe Verfahren kommt für den Hobbygärtner meist nicht in Frage und wird im Rahmen dieses Ratgebers nicht behandelt. Im folgenden lexikalischen Teil finden Sie daher auch nur solche Arten und Gattungen, die durch einfachere Methoden vermehrt werden können. Aus diesem Grund fehlen auch Angaben zu Apfel und Kirsche, die in der gärtnerischen Praxis ausschließlich durch das Veredeln vermehrt werden.

Brombeere; *Rubus fruticosus*

Aufrecht wachsende Sorten vermehrt man wie die Himbeeren durch Ausläufer oder Wurzelschnittlinge. Die Vermehrung der ausläuferlosen rankenden Sorten ist entweder durch Absenker, Wurzelschnittlinge, Triebstecklinge oder auch Augenstecklinge möglich. Der günstigste Zeitpunkt für das Absenken ist Ende August bis Anfang September, wenn kein Durchtrieb der Endknospe (Terminalknospe) mehr zu erwarten ist. Für die stachellose Sorte 'Thornless Evergreen' kommt eine Vermehrung durch Wurzelschnittlinge nicht in Frage, da sich

Brombeeren lassen sich u. a. durch Absenker (links) oder Wurzelschnittlinge (rechts) einfach vegetativ vermehren.

bei dieser Methode die Stacheln regenerieren.

Beim Vermehren durch Augenstecklinge dürfen diese nicht zu krautig oder zu stark verholzt sein. Sie werden wie Laubgehölzstecklinge gepflegt. Kreuzungen zwischen Himbeere und Brombeere, z. B. Boysenbeere und Taybeere, werden durch Stecklinge vermehrt. Ein Absenken oder Ablegen ist jedoch auch möglich.

Haselnuss; *Corylus avellana*

Die Kulturformen vermehrt man durch Absenker, Ableger oder auch Anhäufeln. Eine Vermehrung durch Stecklinge ist Anfang Juni möglich. Wilde Haselnüsse lassen sich auch aussäen, sind im Ertrag jedoch so unregelmäßig, dass eine generative Vermehrung nicht sinnvoll ist.

Kulturheidelbeere; *Vaccinium corymbosum*

Die Vermehrung der Kulturheidelbeere ist nicht einfach. Aussaat ist möglich, jedoch nicht sinnvoll, da die Sorten sehr stark aufspalten. Wenn, dann erfolgt die Aussaat noch im Herbst nach der Ernte der Früchte. Üblich ist die Vermehrung durch Steckholz, Stecklinge, Ableger und Ausläufer.

Die Vermehrung durch krautartige Stecklinge erfolgt Ende Juni oder auch im Juli bis August, wenn die Jahrestriebe zu verhärten beginnen. Einfacher ist eine Vermehrung durch Ablegen kräftiger Triebe nach der Blüte, die an der Basis zu verholzen beginnen, aber noch nicht beblättert sind. Der günstigste Zeitraum für die Steckhölzer ist März bis April.

Himbeere; *Rubus idaeus*

Himbeeren lassen sich durch Ausläufer (Wurzelschosse), Wurzelschnittlinge oder Ableger einfach vermehren. Bei der Vermehrung durch Ausläufer werden die im Laufe des Sommers aus dem Boden kommenden Triebe im Herbst nach dem Laubfall ausgegraben und von der Mutterpflanze abgetrennt. Dies kann auch noch im zeitigen Frühjahr vor Beginn des Austriebes geschehen. Die so gewonnenen Himbeerruten werden am besten gleich an Ort und Stelle gepflanzt. Wurzelschnittlinge werden während der Vegetationsruhe im Spätherbst geschnitten.

Rote und Weiße Johannisbeere; *Ribes rubrum*, Schwarze Johannisbeere; *R. nigrum*

Die Vermehrung der Johannisbeere erfolgt in der Regel durch Steckhölzer. Dazu verwendet man gut ausgereifte einjährige Triebe, die mindestens bleistiftstark sein sollten. Aus diesen werden die etwa 20 cm langen Steckhölzer geschnitten. Bei Roten und Weißen Johannisbeeren ist eine Steckholzgewinnung ab Ende August am günstigsten, sobald die Jahrestriebe genügend ausgereift sind. Sie ist jedoch auch noch im September und Oktober möglich. Schwarze Sorten können sowohl im Herbst als auch im Frühjahr geschnitten werden. Die Sorte 'Heinemanns Rote Spätlese' lässt sich nicht durch Steckholz vermehren. Sie kann wie alle anderen auch mit gutem Erfolg durch Absenker, Ableger und Anhäufeln vermehrt werden. Leicht ist auch ein Vermehren durch krautige Stecklinge im Juni bis Juli.

Pfirsich; *Prunus persica*, Aprikose; *P. armeniaca*, Mandel; *P. dulcis*
Einige Sorten des Pfirsichs, u. a. 'Kernechter vom Vorgebirge', 'Wasserberger' und 'Glimbsheimer', sowie der Aprikose, u. a. 'Millionär' und 'Hinduka', lassen sich weitgehend sortenecht durch Aussaat vermehren.

Pflaume; *Prunus domestica*
Einige Pflaumen-, Zwetschen-, Renekloden- und Mirabellensorten lassen sich wurzelecht durch Ableger, Ausläufer oder Abrisse vermehren, u. a. 'Wurzelechte Hauszwetsche', 'Mirabelle', 'Große grüne Reneklode' und 'Ersinger'.

Stachelbeere; *Ribes uva-crispa*
Bei der Vermehrung der Stachelbeere können mit Ausnahme der Steckholzvermehrung die gleichen Methoden angewendet werden wie bei Johannisbeere. Die Steckholzvermehrung ist nicht möglich bzw. sehr unbefriedigend. Am häufigsten wird angehäufelt. Zur Anzucht von Stämmchen wird wie bei Johannisbeeren auch *R. aureum* als Unterlage verwendet. Darüber hinaus ist auch *R. uva-crispa* geeignet.

Walnuss; *Juglans regia*
Walnussbäume werden durch Aussaat vermehrt. Einzelne Pflanzen lassen sich auch durch Ableger vermehren. Sämlingsbäume beginnen aber erst nach 18 bis 20 Jahren zu tragen. Die Nüsse werden im September bis Oktober geerntet, wenn sich die Fruchtwand schwarz verfärbt. Normalerweise sollte diese Fruchtwand vor der Aussaat entfernt werden. Da dies aber nicht ganz leicht geht, ist es einfacher, die ganzen Früchte auszusäen. Die Aussaat erfolgt gleich nach der Ernte in Kisten unter Glas oder auch erst im März, nachdem die Samen für zwei bis vier Wochen stratifiziert wurden.

Weinrebe; *Vitis vinifera*
Tafeltrauben, also Sorten, die zum Frischverzehr angebaut werden, lassen sich gut durch Absenker, Augenstecklinge und Steckholz vermehren. Die Anzucht der eigentlichen Weinrebe erfolgt in der Regel durch Veredlung auf reblausfeste Unterlagen. Dabei ist die Kopulation mit Gegenzunge geeignet.

Stauden vermehren

Dieses Kapitel gliedert sich in einen allgemeinen Teil und einige spezielle Teile, in denen Pflanzengruppen aufgrund ihrer Erscheinung oder ihrer Verwendungsbereiche zusammengefasst wurden. So werden Ziergräser, Freilandfarne, Zwiebel- und Knollenpflanzen sowie Sumpf- und Wasserpflanzen getrennt von den restlichen Stauden behandelt. Stauden sind Pflanzen, die über Jahre hinweg ausdauern und nach einer unterschiedlich langen Jugendphase jährlich blühen und fruchten.

Stauden können je nach Art und Sorte durch Aussaat oder vegetativ vermehrt werden. Eine Aussaat ist bei allen reinen Arten und Sorten angebracht, die sich so sorten- bzw. artenecht vermehren lassen.

Die Zeit bis zur Keimung ist bei den einzelnen Staudenarten unterschiedlich lang. Während die Samen einiger Arten schon drei Tage nach der Aussaat keimen, dauert es bei anderen mehrere Wochen.

Aussaat

Für den Aussaattermin gibt es bei Stauden keine feststehenden Regeln. Sieht man einmal davon ab, dass die Keimung bei einigen Arten an bestimmte Bedingungen, z. B. niedrige Temperaturen, gebunden ist, ist die Aussaat in einem relativ weiten Zeitraum möglich. Besitzer eines Gewächshauses können praktisch während des ganzen Jahres aussäen. Für viele Stauden ist jedoch die Aussaat direkt im Anschluss an die Samenreife der günstigste Zeitpunkt.

Kaltkeimer

Viele Staudensamen benötigen zunächst niedrige Temperaturen (in der Regel zwischen 0 und 8 °C), um dann durch den Wechsel zu höheren Temperaturen zu keimen. Man sät diese in Töpfe oder Kisten aus und stellt diese für die nächsten ein bis zwei Wochen bei 18–20 °C auf, damit die Samen anquellen. Anschließend werden die Gefäße, soweit man sich in der kälteren Jahreszeit befindet, ins Freie gebracht und der Witterung ausgesetzt. Wichtig ist ein Schutz vor Mäusen und Vögeln. Bringen Sie dazu ein engmaschiges Drahtgeflecht über und gegebenenfalls auch unter den Gefäßen an. Die für die Keimung erforderliche Einwirkungsdauer der niedrigen Temperaturen ist von Art zu Art verschieden. In der Regel reichen sechs bis acht Wochen. Nach dieser Kühlbehandlung werden die Gefäße wieder ins Haus geholt und hell bei 10–15 °C aufgestellt. Die Keimung setzt dann bei den meisten Arten sehr schnell ein. Zu gegebener Zeit wird dann pikiert und bei ausreichendem Luftwechsel und mäßiger Temperatur weiter kultiviert.

Die Kühlbehandlung muss nicht unbedingt im Freiland durchgeführt werden, sondern funktioniert auch im Kühlschrank. Hier hat man die Aussaaten besser unter Kontrolle und ist auch nicht an eine bestimmte Jahreszeit gebunden, was besonders bei gekauftem Saatgut interessant ist.

Die Kühlbehandlung kann auch vor der Aussaat erfolgen, wie man dies in der Regel bei Gehölzen macht und dann Stratifikation nennt (siehe Seite 36). Man wird diesen Weg besonders dann wählen, wenn die Aussaatgefäße nicht im Kühlschrank unterzubringen sind. Vermischen Sie die Samen in diesem Fall mit feuchten Sand oder Vermiculit, füllen das Ganze in einen Plastikbeutel (z. B. Gefrier- bzw. Frischhaltebeutel), Blumentopf oder ein sonstiges Gefäß und unterziehen Sie sie dann der Wärme- und anschließenden Kühlbehandlung. Erst danach erfolgt die eigentliche Aussaat.

In der Literatur findet man häufig widersprüchliche Angaben darüber, ob die Samen eine Kühlbehandlung brauchen oder nicht. Grundsätzlich ist es angebracht, die Samen im Zweifelsfall als Kaltkeimer zu behandeln. Bleibt man im angegebenen Temperaturbereich von 0–8 °C, leiden die Samen keinesfalls darunter. In den meisten Fällen wird auch bei Normalkeimern die Keimung positiv beeinflusst.

Selbstaussaat am Standort

Für Stauden, bei denen die Samenernte schwierig oder die Lagerfähigkeit der Samen begrenzt ist, kann die Selbstaussaat am Standort interessant sein. Der Boden um die Pflanzen herum muss dazu während des Sommers offen und unkrautfrei gehalten werden, damit die Samen ein gutes Keimbett vorfinden. Die Sämlinge erscheinen im folgenden Frühjahr und können dann pikiert, ausgepflanzt oder in Einzeltöpfe gesetzt werden.

Aussaat unter Glas

Als Aussaatgefäße sind für kleinere Mengen Vierecktöpfe empfehlenswert, für größere Mengen ungegliederte Kisten. Auch eine Direktsaat in Multitopfplatten oder Torfanzuchttöpfe ist möglich, wenn eine hohe Keimfähigkeit erwartet werden kann. Sie ist manchmal auch wegen besonderer Empfindlichkeit der Wurzeln dringend zu empfehlen.

Die Aussaaten werden in der Regel in zwei- bis dreifacher Samenkornstärke übersiebt, feine Sämereien aber gar nicht, diese werden nur angedrückt. Die Weiterbehandlung der Aussaaten erfolgt wie im allgemeinen Teil auf Seite 22 beschrieben.

Vegetative Vermehrung

Viele Stauden müssen vegetativ vermehrt werden, da sonst ihre sortentypischen Eigenschaften wie Wuchsform, Blütenfarbe und -größe verlorengehen. Die vegetative Vermehrung wird aber nicht nur zur Wahrung der Sortenechtheit durchgeführt. Sie müssen auch bei Sterilität, Zweihäusigkeit und schwieriger Saatgutbeschaffung vegetativ vermehrt werden.

Die Methoden der vegetativen Staudenvermehrung sind weitgehend identisch mit denen anderer Pflanzengruppen, seien es die der Gehölze oder die der Zimmerpflanzen.

Teilung

Der Hobbygärtner teilt seine Stauden nicht nur, um sie zu vermehren, sondern auch, um Stauden, die zu sehr in die Breite gehen, sich gegenseitig im Wachstum bedrängen oder schwach und blühfaul werden, einfach zu verjüngen. Die Teilung bietet sich vor allem bei solchen Pflanzen an, die Horste bilden oder sich durch kriechende Rhizome reichlich bestocken. Dazu gehören *Aster*, *Rudbeckia* (Sonnenhut), *Iris* und viele andere Arten.

Stauden teilt man in der Regel im Frühjahr zu Beginn der Vegetationszeit oder nach Ende der Vegetationszeit im Herbst. Es gibt aber auch Ausnahmen. So lassen sich verschiedene Stauden durchaus auch im vollen Wachstum teilen.

Zur Teilung werden die Pflanzen mit dem Spaten oder einer Grabegabel aus der Erde genommen und soweit durch Schütteln von der anhaftenden Erde befreit, dass die Triebknospen übersichtlich freiliegen. Im einfachsten Fall lassen sich die Horste nach dem Aufnehmen bereits mit der Hand in faustgroße Einzelpflanzen zerlegen. Sonst teilt man mit dem Messer, bei weniger empfindlichen Arten können Sie auch den Spaten zu Hilfe nehmen. Bei großen, alten Horsten sollten nur die äußeren Randbereiche für die Gewinnung von Jungpflanzen genutzt werden.

Um die Verdunstung einzuschränken, werden die Blätter bzw. Triebe der zu teilenden Stauden auf die Hälfte bis ein Drittel ihrer Länge eingekürzt. Auf keinen Fall dürfen die Blätter ganz entfernt werden. Die Wurzeln werden etwa auf Handlänge eingekürzt. Die Teilpflanzen werden gleich ausgepflanzt oder eingetopft und kräftig angegossen. In den ersten Tagen müssen sie vor zu intensiver Sonnenbestrahlung geschützt werden.

Risslinge

Als Risslinge werden bodennahe Einzeltriebe bezeichnet, die schon eigene Wurzeln besitzen oder einen Wurzelansatz haben und von der Mutterpflanze abgerissen werden.

Risslinge werden in Einzeltöpfe gesetzt oder alternativ in Multitopfplatten kultiviert und bei Temperaturen um 10 °C aufgestellt. Über 15 °C sollten die Temperaturen auf Dauer nicht ansteigen. Denn hohe Temperaturen regen die jungen Pflanzen zwar zum Treiben, aber weniger zur Bewurzelung an.

Ausläufer

Ausläufer werden je nach Staudenart oberirdisch oder unterirdisch gebildet. Der Vorteil der Ausläufervermehrung besteht darin, dass die Mutterpflanze weniger in Mitleidenschaft gezogen wird, da die aus dem Boden kommenden oder dem Boden aufliegenden Triebe mit den jungen Pflänzchen in einiger Entfernung von der Mutterpflanze entstehen. So muss diese zur Vermehrung nicht unbedingt ausgegraben werden. Man nimmt die Ausläufer von der Mutterpflanze ab und schneidet sie in Teilstücke, wobei jedes Teilstück mindestens eine kräftige Knospe oder ein Jungpflänzchen besitzen muss. Bei dieser Vermehrungsart werden Sie in der Regel nur eine geringe Zahl an Nachkommen gewinnen, dafür führt sie schnell zum Erfolg.

Wurzelschnittlinge

Die Vermehrung durch Wurzelschnittlinge wurde schon bei den Gehölzen auf Seite 46 beschrieben. Technik und Behandlung der Wurzelschnittlinge können Sie dort nachlesen.

Der Staudengartner gräbt die Mutterpflanzen in der Ruhezeit aus oder legt nur die Wurzeln frei und schneidet die zu verwendenden Wurzeln möglichst lang ab. Die abgeernteten Mutterpflanzen werden je nach Witterung sofort wieder ausgepflanzt oder zunächst eingeschlagen und erst im Frühjahr nach draußen gebracht. Der Hobbygärtner sollte mit der „Ernte" der Wurzeln bis zum Frühjahr warten, wobei sich die Pflanzen allerdings noch in Ruhe befinden sollten.

Die geernteten Wurzeln werden je nach Art in 3–6 cm lange Stücke ge-

Unterirdische Ausläufer.

Oberirdische Ausläufer.

teilt. Um sicher zu sein, wo bei stärkeren Wurzeln oben bzw. unten ist, ist es sinnvoll, das untere Ende mit einem Schrägschnitt zu kennzeichnen.

Bei Arten mit dickeren Wurzeln werden die Schnittlinge senkrecht in Kisten oder Töpfe gesteckt, dünnere Schnittlinge streut man so flach auf der Erdoberfläche aus, dass sie nicht zu dicht aneinanderliegen, und deckt sie etwa 2 cm hoch mit Erde ab.

Wurzelschnittlinge müssen gleichzeitig einen Spross und neue Wurzeln ausbilden. Daher müssen sie kühl stehen und langsam treiben. Optimal sind 10–15 °C. Bei zu viel Wärme treiben die Knospen aus und bilden einen kräftigen Trieb, während die Entwicklung des Wurzelwerks zurückbleibt. Bis zum Durchtrieb der Knospen können die Gefäße mit den Wurzelschnittlingen dunkel stehen. Mit beginnendem Durchtrieb werden sie hell aufgestellt und so früh wie möglich in einen Frühbeetkasten oder ins Freie gebracht. Warten Sie damit, bis keine Fröste mehr zu erwarten sind. Sind die Schnittlinge ausreichend bewurzelt, wird in Töpfen weiterkultiviert, bis sie eine Größe erreicht haben, dass sie ins Freiland gepflanzt werden können.

Stecklinge

Viele Stauden lassen sich gut durch Sprossstecklinge, einige wenige auch durch Blattstecklinge vermehren. Je nach Art der Entnahme bzw. der Entnahmestelle unterscheidet man bei Stauden zwischen krautigen Stecklingen, grundständigen Stecklingen und Rosettenstecklingen.

Beim krautigen Steckling nutzt man den krautigen Teil eines Triebes. In der Regel schneidet man Kopfstecklinge. Sie können aber auch Teilstecklinge verwenden. Der Schnitt erfolgt 3–5 mm unter einem Blattansatz (Nodium). Die Länge des Stecklings richtet sich nach der jeweiligen Pflanzenart und schwankt etwa zwischen 3 und 15 cm. Allenfalls bei großblättrigen Stauden empfiehlt es sich, die Blätter einzukürzen, um sie besser stecken zu können.

Stecklingsarten bei Stauden.

Grundständige Stecklinge bzw. Basisstecklinge werden aus den neuen Trieben im zeitigen Frühjahr gefertigt. Man beginnt mit dem Stecklingsschnitt, wenn die Triebe etwa handbreit ausgetrieben sind. Man schneidet sie vor allem von Stauden, die später hohle Stängel ausbilden (z. B. bei Rittersporn und Lupine) und für die Stecklingsvermehrung dann wertlos sind.

Der Rosettensteckling ist ein kurzer Kopfsteckling von Stauden wie *Androsace* (Mannsschild), *Lewisia* (Bitterwurz) und *Saxifraga* (Steinbrech), bei denen die Blätter am Spross rosettig angeordnet sind und eine Zwei- oder eventuell auch Dreiteilung des Sprosses, wie beim krautigen Sprosssteckling, nicht möglich ist.

Durch Blattstecklinge lassen sich u. a. *Sedum*, *Haberlea*, *Ramonda* (Felsenteller) und *Lewisia* vermehren. Man verwendet ganze Blätter, die in der Regel vom Spross abgerissen und ohne Nachschneiden gesteckt werden. Allenfalls der verbliebene „Bart" wird etwas eingekürzt, um besser stecken zu können.

Staudenstecklinge steckt man in Pikierkästen, bevorzugt aber in Einzeltöpfe, Torfanzuchttöpfe oder Multitopfplatten. Im Gegensatz zum Stecken in Pikierkisten haben Einzeltöpfe oder

Platten mit Topfstellen den großen Vorteil, dass die Durchwurzelung gleichmäßig durch das ganze Erdreich erfolgt und die Ballen der einzelnen Jungpflanzen nicht miteinander verfilzen können. Dadurch werden Wurzelverletzungen beim Herausnehmen weitgehend vermieden und damit auch Wachstumsstockungen bei der Weiterkultur bzw. nach dem Auspflanzen.

Eine Bewurzelung ist auch bei Staudenstecklingen nur bei hoher Luftfeuchtigkeit und bei Temperaturen von 15–20 °C erfolgversprechend, ein Abdecken mit dünner PE-Folie oder Minitreibhäuser bieten sich an (siehe auch Vermehrungseinrichtungen auf Seite 28). Die erforderlichen Pflegemaßnahmen bis zur Bewurzelung, was je nach Pflanzenart zwischen vier und sechs Wochen dauern kann, können auf Seite 29 nachgelesen werden.

Stecklinge, die mit einem Stück Wurzelansatz (Platte, Rhizomstück) geschnitten werden müssen oder von der Mutterpflanze abgerissen werden, wurzeln relativ schnell und sollten nicht bei zu hoher Luftfeuchtigkeit gehalten werden. Sie stehen am besten in einem Frühbeetkasten.

Achten Sie beim Wässern der Stecklinge darauf, dass das Substrat nicht zu nass wird, da es sonst zu wenig Sauerstoff enthält und die Stecklinge schnell zu faulen beginnen.

Winterstecklinge

Immergrüne Stauden wie Steinbrech, stängelloser Enzian (*Gentiana), Arenaria* (Sandkraut) und andere Arten vermehrt man bevorzugt im Spätherbst. Man spricht auch von Winterstecklingen. Diese Stecklinge sollten nicht zu groß geschnitten werden (Länge: 3–5 cm). Die Blätter am unteren Stängelteil, der in die Erde kommt, werden entfernt. Die gesteckten Stecklinge können in ein kühles Kleingewächshaus, an einen hellen, kühlen Fensterplatz (Kellerfenster) oder auch in den Frühbeetkasten gestellt werden. Die Zeit bis zur Bewurzelung hängt stark von der Temperatur und damit verbunden vom Standort der Stecklinge ab. In einem kühlen Kleingewächshaus oder an einem kühlen Fensterplatz bewurzeln die Stecklinge bei Temperaturen von 5–15 °C schon nach vier bis sechs Wochen. Im Frühbeetkasten erfolgt die Bewurzelung in der Regel erst im Frühjahr. Wechseln Perioden mit Temperaturen über dem Gefrierpunkt mit solchen unter 0 °C ab, so schadet dies den Stecklingen nicht. Auch ein kurzes Einfrieren wirkt sich nicht nachteilig aus. Bei Kahlfrösten müssen die Kästen allerdings zusätzlich abgedeckt werden. Auch gelegentliches Gießen kann erforderlich sein. Temperaturen über 15 °C sollten bei immergrünen Staudenstecklingen vermieden werden.

Stauden

Dieser spezielle Teil beschreibt die Vermehrung von über 90 winterharten Staudengattungen. Sie erfahren u. a. wann der günstigste Vermehrungszeitpunkt gekommen ist und ob eine Kühlbehandlung der Samen erforderlich ist. Wird eine Kühlbehandlung der Samen ohne konkrete Angabe der Dauer empfohlen, so sind generell sechs Wochen gemeint.

Adonisröschen; *Adonis*

Mittels Aussaat oder Teilung (im Sommer nach dem Einziehen der Blätter). Aussaat sofort nach der Reife im Frühjahr. Eine vierwöchige Kühlbehandlung fördert die Keimung.

Akelei; *Aquilegia*

In der Regel durch Aussaat im Frühjahr. Eine Teilung nach der Blüte im Juli bis August ist möglich, doch muss man äußerst behutsam vorgehen, da die fleischigen Wurzeln auf Störungen sehr empfindlich reagieren.

Alpenglöckchen, Troddelblume; *Soldanella*

Aussaat direkt nach der Samenreife im Herbst oder im Frühjahr im Haus mit Kühlbehandlung. Teilung nach der Blüte ist möglich.

Anemone, Windröschen; *Anemone*

Aussaat oder Teilung. *A. hupehensis* (Herbst-Anemone), andere ausläufertreibende Arten sowie die Sorten werden bevorzugt durch Wurzelschnittlinge vermehrt. Aussaat sofort nach der Samenreife, die je nach Art zu unterschiedlichen Jahreszeiten eintritt.

Echte Arnika; *Arnica montana*

Aussaat, am besten in reinen Torf, gleich nach der Samenreife im Spätsommer. Altes Saatgut keimt, wenn überhaupt, nur zu einem geringen Teil.

Aster; *Aster*

Soweit es sich um Sorten oder Auslesen handelt, muss vegetativ durch Teilung oder Stecklinge (im Frühjahr nach dem Austrieb) vermehrt werden. Bei *A. amellus* (Berg-Aster) und *A. novea-angliae* (Raublatt-Aster) verwendet man bevorzugt 6–10 cm lange Grundstecklinge mit einem kurzen holzigen Ansatz. Bei anderen Arten wurzeln auch krautige Stecklinge willig. Bei der Glattblatt-Aster (*Aster novi-belgii*) gelingt die Vermehrung durch Abreißen eines Risslings.

Astilbe, Prachtspiere; *Astilbe*
Teilung (von November bis März) die Regel, reine Arten und Samensorten können auch durch Aussaat vermehrt werden.

Bärenklau; *Acanthus*
Einfach ist die Teilung bzw. Abnahme der Ausläufer im Frühjahr. Größere Stückzahlen vermehrt man am besten durch Wurzelschnittlinge.

Bartfaden; *Penstemon*
In der Regel muss vegetativ durch Stecklinge vermehrt werden. Von *P. barbatus* und *P. hartwegii* gibt es auch einige Sorten, die samenecht fallen.

Bergenie; *Bergenia*
Teilung (Foto) entweder nach der Blüte im Juli bis August oder auch im März bis April. Stammstecklinge lassen sich nach dem Abblühen schneiden. Aussaat im Frühjahr.

Gewöhnliches Berg-Steinkraut; *Alyssum montanum*
Über Aussaat, Stecklinge (im Spätsommer) und Risslinge. Bei Aussaat tuffweise mit drei bis sieben Pflänzchen pikieren.

Blaukissen; *Aubrieta*
Teilung und Stecklinge, Aussaat bei sogenannten Samensorten. Sämlinge werden tuffweise mit drei bis fünf Pflanzen pikiert. Geteilt wird am besten im Spätsommer. Vermehrung über Stecklinge den ganzen Sommer über.

Kalifornischer Blaumohn; *Romneya coulteri*
In der Regel vermehrt man durch Wurzelschnittlinge, die man sofort in Töpfe legt und bis zum Austrieb unter Glas bei 20 °C und mäßiger Feuchtigkeit hält. Aussaat ist nicht ganz einfach. Soll sie erfolgreich sein, muss unmittelbar nach der Samenreife ausgesät werden, da die Samen nur kurze Zeit keimfähig sind.

Bitterwurz; *Lewisia*
Aussaat (an günstigen Standorten kommt es zu reichlicher Selbstaussaat), Rosettenstecklinge (mit Wurzelansatz) oder auch Blattstecklinge. Bei der Blattstecklingsvermehrung werden die Blätter von der Basis abgerissen und, ohne nachzuschneiden, in reinen Sand gesteckt.

Bronzeblatt, Schaublatt; *Rodgersia*
Teilung im zeitigen Frühjahr von April bis Mai bzw. im September oder durch Aussaat. Keimung oft stark verzögert.

Christrose, Nieswurz; *Helleborus*
Aussaat, kleinere Stückzahlen durch Teilung. Bei *H. foetidus* (Stinkende Nieswurz) ist Teilung wenig sinnvoll. Aussaat am besten direkt nach der Reife im Mai bis Juni. Zum Anquellen Aussaatgefäße für zehn Wochen bei 20 °C aufstellen, im Anschluss daran erfolgt eine zehnwöchige Kühlbehandlung. Danach stellt man die Gefäße bei 12–15 °C auf. Die Keimung erfolgt dann im folgenden Frühjahr.

Chrysantheme, Winteraster; *Chrysanthemum*
Teilung, bevorzugt durch Stecklinge, die praktisch die ganze Vegetationsperiode über geschnitten werden können. Eine Aussaat ist möglich.

Dachwurz; *Sempervivum*
Leicht und schnell durch Abnehmen von Tochterrosetten zu vermehren. Aussaat der sehr feinen Samen am besten im Frühjahr bei 20 °C. Nachkommen natürlicherweise sehr uneinheitlich, aber interessant.

Dickmännchen, Ysander; *Pachysandra*
Stecklinge im Mai bis Juni oder Teilung der Rhizome im Herbst.

Diptam, Brennender Busch; *Dictamnus albus*
Aussaat, auch verschiedene angebotene Formen wie 'Albus' und 'Purpureus' fallen weitgehend echt aus Samen. Aussaat gleich nach der Samenreife im Herbst. Sobald die erste Kapsel aufspringt ist zu ernten, denn bei Vollreife werden die Samen weit herausgeschleudert, so dass man möglicherweise leer ausgeht.

Garten-Dreimasterblume; *Tradescantia × andersoniana*
Teilung oder durch Stecklinge im Frühjahr nach dem Austrieb. Aussaat macht keine Probleme, häufig Selbstaussaat am Standort.

Edelweiß; *Leontopodium*
Aussaat oder Teilung im zeitigen Frühjahr oder auch nach der Blüte.

Ehrenpreis; *Veronica*
Durch Aussaat, Teilung (Frühjahr oder im Spätsommer) oder Stecklinge (Frühjahr bis Herbst). Das Foto auf Seite 76 zeigt *V. austriaca.*

Eisenhut; *Aconitum*
Aussaat oder Teilung. Aussaat am besten direkt nach der Samenreife im Herbst. Teilung im Herbst nach der Blüte. An jeder rübenartig verdickten Mutterknolle bilden sich ein oder zwei Brutknollen mit Sprossansätzen und haarigen Wurzeln, die beim Aufnehmen meist von allein auseinanderfallen. Achtung! Alle Pflanzenteile sind stark giftig. Beim Teilen sollten Sie immer nur mit Handschuhen arbeiten.

Enzian; *Gentiana*
Aussaat, Teilung und Stecklinge (im Frühsommer oder auch im Herbst). Aussaat am besten gleich nach der Samenernte (Samenreife bei den einzelnen Arten unterschiedlich). Trocken gelagertes oder gekauftes Saatgut

sollte einer Kühlbehandlung unterzogen werden. Die Keimung ist häufig sehr unregelmäßig. Manchmal liegt das Saatgut auch über.

Fackellilie; *Kniphofia*
Aussaat (es gibt auch einige Samensorten) oder durch Teilung (üblich) zu vermehren, normalerweise im Frühjahr oder auch nach der Blüte im Herbst. Das Laub sollte bei der Teilung etwa auf Handbreite eingekürzt werden.

Weißer Federmohn; *Macleaya cordata*
Am besten durch Teilung der Grundsprosse im Frühjahr oder auch durch Wurzelschnittlinge. Aussaat wenig üblich, denn der Samen läuft sehr ungleichmäßig auf.

Feinstrahl, Berufkraut; *Erigeron*
Teilung oder Stecklinge (im Frühjahr nach dem Austrieb), Arten und Samensorten auch durch Aussaat. Teilung bevorzugt im April bis Mai oder auch nach der Blüte im Herbst.

Felsenteller; *Ramonda*
Aussaat, Abtrennen von Rosetten oder auch durch Blattstecklinge (im Frühjahr). Die Blätter werden nicht abgeschnitten, sondern von der Stängelbasis mit einem Zug nach unten abgerissen und ohne Nachschneiden gesteckt.

Fetthenne, Mauerpfeffer; *Sedum*
Spross-Stecklinge, Risslinge oder Teilung. Auch Blattstecklinge sind möglich. Bei Aussaat den feinen Samen nicht übersieben.

Fingerhut; *Digitalis*
Als kurzlebige Stauden werden Fingerhüte durch Aussaat vermehrt. Eine vegetative Vermehrung ist durch Abnehmen der neugebildeten Grundrosetten nach dem Entfernen der Blütenstände möglich.

Fingerkraut; *Potentilla*
In der Regel vegetativ durch Stecklinge (mit einem Ansatz des alten Holzes) oder Teilung (Ausläufer). Aussaat erfolgt bei den Arten und den sogenannten Samensorten.

Flockenblume; *Centaurea*
Aussaat einfach, Kulturformen durch Stecklinge im Frühjahr nach dem Austrieb vermehren. Die Berg-Flockenblume und ihre Formen vermehrt man häufig auch durch Wurzel- bzw. Rhizomschnittlinge.

Frauenmantel; *Alchemilla*
In der Regel durch Aussaat im Frühjahr. Eine ein- bis zweiwöchige Kühlbehandlung fördert die Gleichmäßigkeit der Keimung. Teilung ist entweder nach der Blüte von Mitte August bis Ende September oder im März bis April möglich. Stecklinge nach dem Austrieb im Frühjahr.

Funkie; *Hosta*
In der Regel durch Teilung. Reine Wildarten durch Aussaat. Wer Spaß am Züchten hat, kann die von den Sorten gesammelten Samen aussäen. Aussaat am besten gleich nach der Samenreife noch im Herbst ins Freiland oder mit vorheriger Kühlbehandlung im Frühjahr unter Glas. Teilung ist praktisch das ganze Jahr über möglich. In der Regel wird aber im März bis April vor dem Austrieb oder im August bis September geteilt.

Gämswurz; *Doronicum*
Aussaat und Teilung (am besten nach der Blüte). Vom Kaukasus-Gämswurz gibt es auch samenvermehrbare Sorten, z. B. 'Finesse','Magnificum' und 'Goldcut' .

Gänsekresse; *Arabis*
Stecklinge, Teilung (Herbst oder Frühjahr) oder Aussaat. Stecklingsschnitt im August (Rosettenstecklinge) oder während des Austriebes im Februar bis März vornehmen.

Gedenkemein; *Omphalodes*
Teilung (im Frühjahr vor dem Austrieb oder auch im Herbst) und Aussaat (mehrere Sämlinge später tuffweise zusammensetzen).

Gelenkblume; *Physostegia virginiana*
Teilung (vor der Blüte im Frühjahr oder nach der Blüte im August), Stecklinge (nach dem Austrieb) oder Aussaat (samenechte Sorten im Handel).

Glockenblume; *Campanula*
Aussaat bei Samensorten am besten im zeitigen Frühjahr. Die meisten Arten bzw. ihre Kulturformen lassen sich durch grundständige Stecklinge im Frühjahr nach dem Austrieb vermehren. Teilung in der Regel nach der Blüte, mit einem Ansatz des verholzten Wurzelstockes. (Foto: Seite 78.)

Golderdbeere, Waldsteinie; *Waldsteinia*
Teilung der Ranken bzw. Ausläufer im Frühjahr. Auch Vermehrung durch Kopfstecklinge ist möglich.

Goldkolben, Ligularie; *Ligularia*
Teilung (die Regel), Stecklinge (im April) und Aussaat. Bei *L. dentata* und ihren Sorten sind auch Wurzelschnittlinge möglich.

Goldrute; *Solidago*
Aussaat, Teilung im Frühjahr (die aufgrund des verholzenden Wurzelstocks nicht ganz einfach ist) oder durch Stecklinge (im Frühjahr nach dem Austrieb). Sobald die Stängel hohl sind, ist eine Stecklingsvermehrung nicht mehr sinnvoll.

Grasnelke; *Armeria*
Teilung bzw. Risslinge am besten im späten Frühjahr nach der Blüte. Eine Aussaat ist ganzjährig möglich.

Indianernessel; *Monarda*
Aussaat (im Handel gibt es Mischungen mit breiter Farbpalette), Teilung (im Frühjahr vor dem Austrieb) und Kopfstecklinge, die man nach dem Austrieb im Frühjahr schneidet.

Iris, Schwertlilie; *Iris*
Aussaat (nur bei Wildarten), rhizombildende Arten durch Teilung (Foto), Zwiebeliris durch Brutzwiebeln. Teilung am besten nach der Blüte im Juli bis September, bevor sich die neuen Wurzeln voll gebildet haben. Die Arten der Untergattung Scorpiris (Juno-Iris) wie *I. graeberiana, I. planifolia*, und *I. persica* lassen sich auch durch Wurzelschnittlinge vermehren.

Katzenminze; *Nepeta*
Stecklinge sind die Regel, möglich sind auch Aussaat oder Teilung. Stecklinge schneidet man im Frühjahr nach dem Austrieb oder auch im Herbst, wenn die Blüte ausklingt.

Großblättriges Kaukasusvergissmeinicht; *Brunnera macrophylla*
Teilung nach der Blüte oder Wurzelschnittlinge im Herbst oder Frühjahr. Buntblättrige Sorten lassen sich durch Wurzelschnittlinge sortenecht vermehren.

Keulenmohn, Scheinmohn; *Meconopsis*
Aussaat ist die übliche Methode, Teilung im Frühjahr vor dem Austrieb oder nach der Blüte ist möglich, nicht immer befriedigend.

Kokardenblume; *Gaillardia*
Aussaat möglich (auch viele Sorten fallen echt aus Samen). Teilung und Vermehrung durch Wurzelschnittlinge bringt sortenechte Nachkommen (Foto).

Königskerze; *Verbascum*
Aussaat (es gibt samenechte Sorten im Handel), Teilung (vor dem Austrieb oder im Herbst nach der Blüte), Wurzelschnittlinge oder Stecklinge (verwendet werden junge Rosetten, die man im Frühjahr schneidet).

Kugelblume; *Globularia*
Aussaat, Teilung (Frühjahr) oder Stecklinge (im Herbst). Handels- bzw. trocken gelagertes Saatgut benötigt eine Kühlbehandlung.

Kugeldistel; *Echinops*
Teilung und Wurzelschnittlinge, die Arten auch durch Aussaat. Geteilt wird nach der Blüte im Herbst oder auch im Frühjahr vor dem Austrieb.

Kuhschelle, Küchenschelle; *Pulsatilla*
In der Regel durch Aussaat. Bei *P. vulgaris* und ihren Sorten sind auch Wurzelschnittlinge möglich. Größere Horste lassen sich nach der Blüte gut teilen. Aussaat gleich nach der Reife oder mit Kühlbehandlung im Frühjahr unter Glas.

Kunigundenkraut, Wasserdost; *Eupatorium*
Vermehrung durch Aussaat, Teilung (bevorzugt im Herbst nach der Blüte) und Stecklinge (im Frühjahr nach dem Austrieb).

Lampionblume, Blasenkirsche; *Physalis alkekengi*
Ausläufer können im Frühjahr einfach abgenommen werden. Bei Aussaat im Frühjahr erste Blüte noch im gleichen Jahr.

Lavendel; *Lavandula*
Eine Aussaat ist möglich, aber eine Vermehrung durch Stecklinge die Regel. Bei der Stecklingsvermehrung schneidet man entweder im Frühjahr und verwendet den ersten Austrieb oder nimmt den Austrieb nach der Blüte im Spätsommer.

Leberblümchen; *Hepatica nobilis*
Aussaat (am besten Selbstaussaat am Standort) und Teilung. Geteilt wird am besten in der Blütezeit, wenn sich die ersten Blätter gerade entwickeln.

Leimkraut, Lichtnelke, Pechnelke; *Silene*
Aussaat, Stecklinge im Frühjahr nach dem Austrieb bzw. auch von August bis September oder durch Teilung.

Vielblättrige Lupine; *Lupinus polyphyllus*
Diese Lupine ist eine der wenigen Stauden, die züchterisch so bearbeitet wurden, dass ihre Sorten echt aus Samen fallen. Im Samenhandel werden diese Sorten als ‘Russell-Hybriden’ angeboten. Alle Sorten auch leicht durch Stecklinge zu vermehren (im Frühjahr nach dem Austrieb mit einem Stück des alten Holzes). Auch Teilung ist möglich.

Mädchenauge; *Coreopsis*
Durch Aussaat im Frühjahr, Teilung, Abrissstecklinge im August und normale Stecklinge im Frühjahr nach dem Austrieb.

Mädesüß; *Filipendula*
Teilung, Stecklinge (im Frühjahr nach dem Austrieb) und Wurzelschnittlinge. Aussaat möglich, die Keimung ist meist sehr unregelmäßig.

Gewöhnliches Maiglöckchen; *Convallaria majalis*
Teilung durch Abtrennen der unterirdischen rhizomähnlichen Organe, die jeweils in einem knospenartigen Gebilde dem „Keim“ enden. Geteilt werden darf erst nach völligem Absterben des Laubes im September. Aussaat nach der Samenreife im Sommer auf Beete. Keimung sehr unregelmäßig, blühreif nach drei bis vier Jahren.

Mannsschild; *Androsace*
Aussaat (nach der Samenreife im Herbst), Teilung (nach der Blüte) und Rosettenstecklinge (Juni bis Juli).

Margerite; *Leucanthemum*
Aussaat (z. B. sind 'Crazy Daisy', 'Polaris' und 'Silberprinzess' samenecht) und Teilung (Risslinge), in der Regel durch Stecklinge.

Mohn; *Papaver*
Aussaat (nur wenige Sorten sind samenecht) oder Wurzelschnittlinge (August bis März). Teilung ist nach dem Einziehen im Spätsommer oder im Frühjahr möglich.

Mutterkraut, Balsamkraut, Wucherblume; *Tanacetum*
Aussaat (es gibt auch Samensorten), Sämlinge tuffweise pikieren, auf diese Weise erhalten Sie kompakte, gut aufgebaute Pflanzen. Teilung im Frühjahr oder im Herbst, Stecklinge entweder im Frühjahr nach dem Austrieb oder im Herbst.

Nachtkerze; *Oenothera*
Teilung (nicht sehr ergiebig) und Stecklinge (nach dem Austrieb im Frühjahr). Aussaat im Frühjahr. Aussaaten im Januar bis Februar blühen noch im selben Jahr.

Nelke; *Dianthus*
Wildarten und samenechte Sorten durch Aussaat, Kulturformen durch Teilung (im zeitigen Frühjahr oder auch nach der Blüte im Sommer oder Herbst) oder Stecklinge im Sommer.

Nelkenwurz; *Geum*
Aussaat (samenecht sind u. a. die beliebten Sorten 'Feuerball' und 'Goldball'), Teilung und Stecklinge (im Frühjahr und Sommer).

Palmlilie; *Yucca*
Teilung der knolligen Rhizome oder über abgeschnittene junge Triebspitzen. Bei der Samenvermehrung der Arten ist man auf importiertes Saatgut angewiesen. Die Samen sind gleich nach Erhalt unter Glas bei 20–22 °C auszusäen.

Pfingstrose; *Paeonia*
Aussaat (bei den Arten und im Rahmen der Züchtung), in der Regel durch Teilung. Aussaat gleich nach der Samenreife (Foto) auf Freilandbeete oder in Kisten im Freien. So bekommen die Samen die zur Überwindung der Keimruhe notwendige Kühlbehandlung auf natürlichem Wege. Geteilt wird von September bis November, wobei das Teilen nicht ganz einfach ist.

Phlox, Flammenblume; *Phlox*
Im Vordergrund stehen Stecklinge (die man von den austreibenden Trieben im Frühjahr schneidet), Wurzelschnittlinge und für wenige Exemplare auch die Teilung. Arten können ausgesät werden. Im Handel gibt es einige Farb-

mischungen von *P. paniculata* (Stauden-Phlox), *z. B.* 'Neue Hybriden Mix'. Aussaat mit Kühlbehandlung von Dezember bis Januar.

Prachtscharte; *Liatris*

In der Regel durch Teilung, auch Aussaat bei den Arten. Geteilt wird im Frühjahr vor dem Austrieb.

Primel; *Primula*

Wichtigste Vermehrungsmethode ist die Anzucht aus Samen. Darüber hinaus kommen eine Teilung (Mai bis Juli), Rosettenstecklinge und bei einigen Arten auch Wurzelschnittlinge (z. B. Kugel-Primel) in Frage.

Purpurglöckchen; *Heuchera*

Teilung bzw. Risslinge oder Stecklinge (grundständige Stecklinge mit einem Ansatz alten Holzes). Samensorten und Arten auch durch Aussaat.

Rittersporn; *Delphinium*

Einige Sorten, z. B. von *D. grandiflorum* sowie die sogenannten Pacific-Hybriden, können wie alle Wildarten durch Aussaat vermehrt werden. Die vegetative Vermehrung erfolgt entweder durch Teilung (im zeitigen Frühjahr vor Beginn des Austriebs) oder durch grundständige Stecklinge (im Frühjahr).

Salbei; *Salvia*

Teilung im Frühjahr vor dem Austrieb oder auch im August bis September. Risslinge gewinnt man durch seitliches, nach unten gerichtetes Abreißen der einzelnen Triebe mit einem Stück Wurzelansatz. Stecklinge nach dem Austrieb im Frühjahr. Aussaat bei den Arten und Samensorten. Keimung erfolgt häufig sehr unregelmäßig.

Salomonssiegel, Weißwurz; *Polygonatum*

Teilung im Frühjahr oder Herbst sowie durch Aussaat (Selbstaussaat).

Schafgarbe; *Achillea*

Durch Teilung bzw. Risslinge oder Stecklinge (ab Frühjahr bis Sommer). Einige Sorten, z. B. 'Parker', lassen sich auch sortenecht durch Aussaat (im Frühjahr) vermehren.

Roter Scheinsonnenhut; *Echinacea purpurea*

Aussaat möglich (im Foto: Jungpflanzen sieben Wochen nach Aussaat), in der Regel durch Wurzelschnittlinge oder für kleine Stückzahlen auch durch Teilung.

Schleierkraut, Gipskraut; *Gypsophila*

Aussaat (es gibt auch samenechte Sorten) und Stecklinge (am besten im Frühjahr nach dem Austrieb oder auch im Herbst), in den Gartenbaubetrieben auch durch Gewebekultur.

Immergrüne Schleifenblume; *Iberis sempervirens*
Vermehrung durch Risslinge und Stecklinge (bevorzugt von Mai bis Juni), die Arten und Samensorten können auch durch Aussaat vermehrt werden.

Seidenpflanze; *Asclepias*
Aussaat und durch Teilung bzw. Abtrennen von Ausläufern im Frühjahr vor dem Austrieb.

Seifenkraut; *Saponaria*
Stecklinge (nach der Blüte), Teilung (im Frühjahr mit Beginn des Wachstums oder nach der Blüte, wenn verstärktes vegetatives Wachstum einsetzt) und Aussaat (Sämlinge tuffweise pikieren).

Stängellose Silberdistel; *Carlina acaulis*
Aussaat oder Wurzelschnittlinge. Einmal am Standort etablierte Pflanzen verbreiten sich recht gut durch Selbstaussaat. Aussaat am besten gleich in Töpfe, da die Silberdistel durch die Ausbildung einer starken Pfahlwurzel sehr empfindlich beim Verpflanzen ist. Diesen Umstand auch beim Auspflanzen beachten.

Silberkerze; *Cimicifuga*
Aussaat (gleich nach der Samenernte im Herbst) oder Teilung im Herbst oder Frühjahr

Skabiose; Scabiosa
Abrissstecklinge bzw. grundständige Stecklinge im Frühjahr nach dem Austrieb, Teilung oder auch Aussaat. Es gibt eine Reihe samenechter Sorten im Samenhandel.

Sonnenauge; *Heliopsis helianthoides*
Teilung und Stecklinge (im Frühjahr nach dem Austrieb). Samensorten und Arten durch Aussaat.

Sonnenblume; *Helianthus*
Aussaat, Sorten durch Teilung bzw. durch Abnahme der Ausläufer im April bis Mai. Stecklingsvermehrung im Frühjahr nach dem Austrieb möglich.

Sonnenröschen; *Helianthemum*
Bevorzugt durch Stecklinge, Arten auch durch Aussaat. Die Stecklinge schneidet man am besten im Sommer oder nach dem Austrieb im Frühjahr.

Sonnenhut; *Rudbeckia*
Soweit es sich um Sorten handelt, echt nur vegetativ (Teilung, Risslinge und Stecklinge) vermehrbar. Eine Ausnahme bildet die Sorte *R. fulgida* 'Goldsturm', die samenecht ist.

Steinbrech; *Saxifraga*
Teilung (im Frühjahr oder Herbst) oder Rosettenstecklinge, Arten auch durch Aussaat (von *S.* × *arendsii* gibt es auch samenechte Sorten). Rosettenstecklinge schneidet man bevorzugt im Herbst (Winterstecklinge). Als Stecklingssubstrat reinen Sand verwenden.

Storchschnabel; *Geranium*
Während sich die *Geranium*-Arten recht gut aussäen lassen, sind die Sorten und Auslesen mit wenigen Ausnahmen sortenecht nur auf vegetativem Wege zu vermehren. Eine Aussaat direkt nach der Samenreife bringt die besten Keimergebnisse. Die Teilung ist die einfachste Vermehrungsmöglichkeit, wobei die Bestockung und damit die Ausbeute an Jungpflanzen bei den einzelnen Arten sehr verschieden sein kann. Viele Arten wurzeln an den Knoten der niederliegenden Triebe, die man daher gut zur Vermehrung nutzen kann. Einige Arten, so *G. macrorrhizum* (Felsen-Storchschnabel), vermehrt man durch Wurzel- bzw. Rhizomschnittlinge. Von *G. cinereum* (Grauer Storchschnabel) und *G. dalmaticum* schneidet man die Stecklinge im April bis Mai bereits vor der Blüte. Beim Pracht-Storchschnabel und Wiesen-Storchschnabel sollten die Stecklinge mit verholzter Basis geschnitten werden.

Strandflieder, Meerlavendel; *Limonium*
Aussaat, Teilung (wenig ergiebig) und Wurzelschnittlinge (treiben oft ungleich aus).

Taglilie; *Hemerocallis*
Mittels Aussaat nur bei den Wildarten und für die Züchtung von Bedeutung. Teilung im März bis April oder nach der Blüte. Einige Arten und Sorten bilden in den Blattachseln der Blütenstängel kleine Pflänzchen mit Wurzeln, die abgenommen und wie Stecklinge weiterbehandelt werden.

Tränendes Herz; *Dicentra spectabilis*
Aussaat (gleich nach der Samenreife), Teilung und Stecklinge. Der zerbrechliche, fleischige Wurzelstock wird im Frühjahr vor dem Austrieb oder auch nach der Blüte im Juni vorsichtig geteilt. Man schneidet grundständige Stecklinge mit einem Ansatz des alten Holzes im Frühjahr nach dem Austrieb.

Trollblume; *Trollius*
Teilung am besten direkt nach der Blüte oder kurz vor dem Austrieb. Aussaat gleich nach der Reife im Herbst auf Beete oder in Kisten, die man geschützt im Freien aufstellt.

Wolfsmilch; *Euphorbia*
Die Vermehrung erfolgt je nach Art und Sorte (es gibt auch einige Samensorten) durch Aussaat, Stecklinge oder Teilung. Kopf- und Triebstecklinge, die nicht zu weich sein sollten, werden im Frühjahr nach dem Austrieb geschnitten. Sie enthalten einen giftigen Milchsaft, der auf keinen Fall in die Augen kommen darf. Daher sollte man unbedingt Handschuhe tragen und die Stecklinge nach dem Schnitt in lauwarmes Wasser geben, um den Fluss des Milchsaftes zu stoppen.

Ziergräser

Die Vermehrung der mehrjährigen Ziergräser unterscheidet sich im Grunde genommen nicht von der der Stauden. Allerdings werden Staudengräser nur selten ausgesät, da der überwiegende Teil der im Handel angebotenen Arten in Wirklichkeit ausgelesene Formen sind, die nicht echt fallen. Bei Gräsern wie Chinaschilf *(Miscanthus)*, die bei uns nicht fruchten und damit keinen Samen ausbilden, ist man ohnehin auf vegetative Methoden angewiesen.

Aussaat

In der Regel sät man breitwürfig in Kisten oder Töpfe aus und pikiert später in Büscheln. Sie können auch gleich in Einzeltöpfe aussäen, je Topf mehrere Samen. Grundsätzlich kann das ganze Jahr hindurch ausgesät werden, wobei man das Saatgut jedoch in der Regel im Frühjahr ausbringen wird. Die Pflanzen haben sich dann bis zum Sommer so weit entwickelt, dass sie bedenkenlos ausgepflanzt werden können.

Bei *Miscanthus* ist man in der Regel auf importiertes Saatgut angewiesen,

Die Teilung von *Festuca* (Schwingel) erfolgt am besten mit dem Messer.

Miscanthus sinensis 'Zebrinus'.

das aufgrund der begrenzten Keimfähigkeit unmittelbar nach Erhalt ausgesät werden sollte.

Teilung

Die Teilung ist die übliche Vermehrungsmethode bei Staudengräsern. Sie selbst sowie die Weiterkultur machen im Allgemeinen keine Schwierigkeiten, da Gräser willig Wurzeln bilden. Bei wintergrünen Gräsern wie *Luzula* (Hainsimse), *Carex*, *Festuca* (Schwingel) und anderen Arten kommt es nicht so genau auf den Vermehrungszeitpunkt an. Man kann sowohl im Frühjahr als auch noch im Spätsommer teilen. Für nicht wintergrüne Arten wie Rispenhirse und Plattährengras ist das Frühjahr zu Beginn des Austriebs der günstigste Zeitpunkt bzw. auch die Zeit nach dem Verblühen im Sommer (Juni bis Juli). Eine spätere Teilung ist nicht zu empfehlen, da die Teilstücke dann vor dem Winter nicht mehr genügend einwurzeln und Kahlfrösten schutzlos ausgeliefert wären.

Die ausgegrabenen Gräserhorste lassen sich bei den meisten Arten leicht von Hand teilen. Bei rhizombildenden Arten muss man in der Regel ein scharfes Messer oder die Schere zu Hilfe nehmen. Von den so gewonnenen Teilstücken werden dann die Wurzeln und Blätter etwa zur Hälfte zurückgeschnitten. Bei dieser Gelegenheit entfernt man auch gleich abgestorbene Pflanzenteile.

Bei ausläuferbildenden Arten wie *Leymus arenarius* (Strandroggen) und *Phalaris arundinacea* (Rohr-Glanzgras) schneidet man die Ausläufer in 5–10 cm lange Stücke und pflanzt sie zu mehreren in Töpfe.

Bei *Miscanthus* erfolgt die Teilung im Frühjahr, am besten unter Glas. Durch den zeitigen Termin bleibt der Pflanze genügend Zeit, ausreichend Rhizome mit Überwinterungsknospen zu bilden.

Freilandfarne

Wie Farne vermehrt werden können, ist auf Seite 128 bei den Zimmerpflanzen näher beschrieben. Die Angaben zur Vermehrung gelten auch für die hier behandelten, bei uns winterharten Freilandfarne.

Eichenfarn; *Gymnocarpium dryopteris*

Die Vermehrung gelingt leicht durch Teilung.

Wald-Frauenfarn; *Athyrium filix-femina*

Durch Teilung und Absenker. Zu diesem Zweck heftet man untere Wedel auf der Substratoberfläche fest, bis sie angewurzelt sind.

Frauenhaarfarn; *Adiantum*

In der Regel vermehrt man durch Teilung und zwar am besten bei Austriebsbeginn.

Kettenfarn, Grübchenfarn; *Woodwardia*
Eine Teilung erfolgt im Frühjahr.

Königsfarn, Rispenfarn; *Osmunda*
Die Teilung der Wurzelstöcke erfolgt im Frühjahr, bevor sich der Austrieb entrollt.

Moosfarn, Mooskraut; *Selaginella*
Üblich ist die Teilung.

Perlfarn; *Onoclea sensibilis*
Diese Art ist leicht durch Teilung zu vermehren.

Rippenfarn; *Blechnum*
Teilung im zeitigen Frühjahr und Aussaat sind möglich.

Schildfarn; *Polystichum*
Teilung im Frühjahr. Bei *P. andersonii* und einigen Formen von *P. aculeatum* (Dorniger Schildfarn), z. B. 'Proliferum', bilden sich an den Blattwedeln neben den Fiedern sowie an den Stielen kleine Bulben aus. Im Herbst, wenn diese deutlich zu sehen sind, nimmt man die Wedel ab, legt sie auf einem Vermehrungssubstrat aus und heftet sie fest. Bei hoher Luftfeuchte entwickeln sich die kleinen Bulben zu Farnpflänzchen, die dann abgenommen und weiterkultiviert werden.

Europäischer Straußenfarn; *Matteuccia struthiopteris*
Die unterirdischen Ausläufer werden im Frühjahr geteilt. Auf dem Foto (siehe linke Seite) sind die grazilen Wedel des Straußenfarns gut zu erkennen.

Streifenfarn; *Asplenium*
Teilung. Wenn die Spitzen der lanzettlichen Wedel von *A. rhizophyllum* den Boden berühren, bilden sich dort Brutpflanzen, die man zur Vermehrung abnehmen kann. *A. scolopendrium* ist durch Blattstielstecklinge vermehrbar.

Gewöhnlicher Tüpfelfarn, Engelsüß; *Polypodium vulgare*
Die Rhizome teilen. Die Teilstücke heftet man mit einem Draht auf der Erde fest.

Wurmfarn; *Dryopteris;*
Mittels Teilung am besten im Frühjahr, wenn die jungen Triebe erkennbar, die Wedel aber noch nicht entrollt sind. Die Sorten von *D. filix-mas* fallen mit wenigen Ausnahmen echt aus Sporen.

Zwiebel- und Knollenpflanzen

Zwiebel- und Knollenpflanzen lassen sich durch Aussaat vermehren. Zur vegetativen Vermehrung können bei Zwiebelpflanzen Brutzwiebeln verwendet werden, bei Knollenpflanzen Brutknollen. Bei Letzteren ist unter Umständen auch eine Teilung der Knollen möglich.

Aussaat

Bei der Aussaatvermehrung von Zwiebel- und Knollenpflanzen brauchen Sie Geduld. Von der Aussaat bis zur Zwiebel- bzw. Knollenbildung vergehen in der Regel zwei Jahre, bis zur Blühreife dauert es meist nochmals ein bis zwei Jahre. Damit sich die Sämlinge ungestört entwickeln können, ist eine Aussaat auf Beete im Garten oder in ein Frühbeet der Aussaat in Kisten oder anderen Gefäßen vorzuziehen.

Brutzwiebeln

Manche Arten bilden reichlich Brutzwiebeln, andere nur wenig. Bei einigen Zwiebelpflanzen, z. B. der Kaiserkrone (*Fritillaria*), lässt sich die Brutzwiebelbildung durch Anschneiden des Zwiebelbodens anregen. Brutzwiebeln erlangen nach etwa zwei Jahren Blühreife.

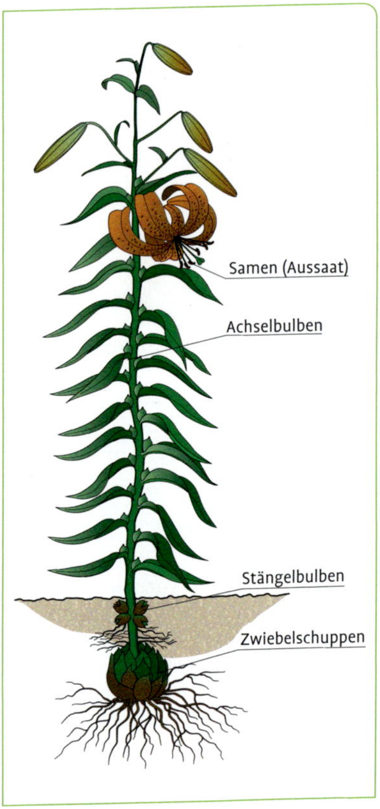

Bei einigen *Lilium*-Arten erscheinen Brutzwiebeln in den Blattachseln oder an Stängeln knapp unter der Erdoberfläche. Diese bezeichnet man auch als Achsel- oder Stängelbulben.

Brutknollen

Die meisten Knollenpflanzen vermehren sich nicht nur durch Samen, sondern auch vegetativ durch Brutknollen, die an verschiedenen Stellen entstehen können. Bei den Montbretie-Arten treiben aus den Mutterknollen dünne Ausläufer, an deren Ende sich Tochterknollen bilden. Bei Gladiolen sitzen sie an sehr kurzen, ungegliederten Ausläufern. Bei Krokussen hingegen entstehen sie unterirdisch auf der

Um Brutzwiebeln zu ernten, werden die Zwiebeln (hier Tulpenzwiebeln) aus der Erde genommen, sobald alle Blätter vertrocknet sind.

Mutterknolle. Brutknollen erlangen die Blühreife wie Brutzwiebeln nach etwa zwei Jahren.

Zwiebel- und Knollenpflanzen von A–Z

Alpenveilchen; *Cyclamen*

Aussaat gleich nach der Samenreife. Günstigste Keimtemperatur ist 15 °C. Bei höheren Temperaturen wird die Keimung stark verzögert bzw. die Samen liegen über.

Aronstab; *Arum*

Durch Abnehmen der Nebenknollen oder durch Aussaat. Eine vierwöchige Kühlbehandlung fördert die Keimung.

Blaustern; *Scilla*

Aussaat und Brutzwiebeln (die Regel).

Dahlie; *Dahlia × hortensis*

Vermehrung durch Tochterknollen, Stecklinge oder Aussaat. Beim Teilen der Knollenbüschel ist darauf zu achten, dass jedes Teilstück einen Stängel mit einem Auge besitzt. Stecklinge schneidet man im Frühjahr nach dem Austrieb oder auch im Sommer. Neben diesen vegetativ zu vermehrenden Dahlien gibt es eine Reihe von Züchtungen, die durch Aussaat vermehrt werden (siehe Seite 104).

Stängellose Freilandgloxinie; *Incarvillea delavayii*

Die Aussaat ist üblich. Die rübenartigen Knollen können aber auch geteilt werden, dies ist allerdings nicht immer von Erfolg gekrönt.

Gladiole; *Gladiolus*
Aussaat gleich nach der Ernte (nur bei den Wildformen üblich), Teilung der Knollen und Brutknollen. Letztere ist die ergiebigste und allgemein übliche Art der Vermehrung.

Goldkrokus, Gelbe Sternbergie; *Sternbergia lutea*
In der Regel durch Brutzwiebeln, bei Aussaat dauert es mindestens vier Jahre bis zur Blüte.

Hakenlilie, Kaplilie; *Crinum* × *powellii*
Durch Nebenzwiebeln vermehren. Bis sie Blütenstärke erreichen, dauert es zwei bis vier Jahre.

Hundszahn; *Erythronium*
Brutzwiebeln, die sofort wieder gepflanzt oder in feuchtem Torf kühl aufbewahrt werden müssen, da die Zwiebeln fleischige Schalen ohne Schutzhülle haben und auf eine Trockenlagerung sehr empfindlich reagieren. Aussaat gleich nach der Samenreife im Herbst.

Hyazinthe; *Hyacinthus orientalis*
Durch Brutzwiebeln, die sich durch Kreuzschnitt oder Aushöhlung an der Mutterzwiebel am Wurzelboden sehr zahlreich erzeugen lassen.

Inkalilie; *Allstromeria*
Teilung der Rhizome, die sehr vorsichtig geschehen muss, um die brüchigen Rhizome nicht zu verletzen. Eine Aussaat sollte direkt nach der Samenreife erfolgen.

Kaiserkrone, Schachblume; *Fritillaria*
Sorten werden durch Brutzwiebeln vermehrt. Die Neigung zur Brutzwiebelbildung ist bei den einzelnen Arten und auch Sorten unterschiedlich ausgeprägt. Bei Kaiserkronen kann die Brutzwiebelbildung durch Anschneiden des Zwiebelbodens angeregt werden. Aussaat sofort nach der Samenreife im Sommer auf Beete im Garten oder im Frühbeetkasten.

Kegelblume, Puschkinie; *Puschkinia scilloides*
Durch Aussaat (Selbstaussaat) und Brutzwiebeln vermehrbar.

Krokus; *Crocus*
Durch Brutknöllchen, die der Mutterknolle in der Regel aufsitzen (Foto). Die Tochterknollen werden durch Drehen von der Mutterknolle getrennt. Die Wildarten kann man auch durch Aussaat vermehren.

Lauch; *Allium*
Durch Aussaat oder Brutzwiebeln. Eine Kühlbehandlung der Samen fördert die Keimung. Brutzwiebeln sind von der Mutterzwiebel kurz nach der Blüte zu ernten, bevor die Tochterzwiebeln eigene neue Wurzeln bilden.

Lerchensporn; *Corydalis*
Aussaat oder Teilung bzw. Tochterknollen. Große Knollen kann man auch in Teilstücke zerschneiden, wobei an jedem Teilstück ein Vegetationspunkt verbleiben muss.

Lilie; *Lilium*
Aussaat, Zwiebelteilung, Achselbulben und Stängelbulben. Die Vermehrung der reinen Arten, aber auch verschiedener nicht stark aufspaltender Sorten, sogenannter Strains, kann durch Aussaat erfolgen. Die Zwiebelteilung ist einfach und erfolgt durch die Natur selbst. Je nach Art und Sorte bilden große Zwiebeln zwei bis drei kleinere, die sich ihrerseits nach einigen Jahren wieder selbst spalten. So entstehen im Laufe der Jahre mehr oder weniger große Zwiebelnester. Diese Zwiebelnester werden im Frühjahr oder Herbst aufgenommen, die Zwiebeln voneinander getrennt und einzeln wieder gepflanzt.

Verschiedene Arten, z. B. *L. davidii* var. *willmottiae*, *L. henryi* und *L. longiflorum* (Oster-Lilie), bilden an dem Stängelteil, der in der Erde sitzt, Stängelbulben aus, die im Herbst nach dem Einziehen abgenommen werden können.

L. bulbiferum (Feuer-Lilie), *L. sulphureum*, *L. lancifolium* (Tiger-Lilie), *L. speciosum* und andere Arten sowie viele Hybriden bilden in den Blattachseln (Blattansatzstellen) sogenannte Achselbulben aus. Diese Achselbulben, oft haben sie schon kleine Blättchen getrieben, werden im Herbst abgenommen.

Märzenbecher, Knotenblume; *Leucojum*
Aussaat und Brutzwiebeln. Beim Aussäen drückt man ganze Samenkapseln in den Boden, damit Ameisen die Samen nicht verschleppen können. Werden die Samen vor der Aussaat längere Zeit trocken gelagert (Handelssaatgut), liegen die Samen in der Regel ein Jahr über. Brutzwiebelvermehrung (Teilung) in der Phase des Abblühens. Die Zwiebeln dürfen nie längere Zeit in trockener Luft lagern.

Milchstern; *Ornithogalum*
Aussaat (Selbstaussaat) oder Brutzwiebeln (die Regel).

Montbretie; *Crocosmia*
Aussaat oder durch das Abnehmen der jungen Zwiebelknollen, die sich an queckenähnlichen Ausläufern entwickeln (September bis Oktober).

Narzisse, Osterglocke; *Narcissus*
Die Gattung mit vielen Tausend Sorten kann echt nur durch Brutzwiebeln vermehrt werden. Die Wildformen können auch ausgesät werden. Um die Brutzwiebeln abzunehmen, werden die Zwiebeln im Juni nach dem Gelbwerden des Laubs gerodet.

Prärielilie; *Camassia*
Brutzwiebeln im Spätsommer und mittels Aussaat.

Schneeglöckchen; *Galanthus*

Aussaat und Brutzwiebeln. Wer Wert auf Sortenechtheit legt, muss durch Brutzwiebeln vermehren. Eine besonders große Vermehrungsrate kann man erzielen, wenn man die Zwiebel in einzelne Segmente teilt und in Kisten „aussät“. Nach mehreren Wochen bilden sich an den Segmenten kleine Brutzwiebeln.

Schneestolz; *Chionodoxa*

Aussaat, in der Regel durch Brutzwiebeln, die nach dem Einziehen aufgenommen werden.

Sommerhyazinthe; *Galtonia candicans*

Kann über Brutzwiebeln und Aussaat vermehrt werden.

Steppenkerze; *Eremurus*

Ältere Pflanzen entwickeln an den seesternförmigen Rhizomen Seitenknospen, die man nach der Blüte im September bis Oktober mit etwas Wurzelansatz abtrennt. Diese Rhizomstücke sind am besten in Töpfe zu pflanzen, in einem Frühbeetkasten geschützt zu überwintern und erst im folgenden Herbst auszupflanzen. Aussaat ist möglich, aber langwierig.

Traubenhyazinthe; *Muscari*

Aussaat (Selbstaussaat) und Brutzwiebeln. Ab etwa 5 cm Umfang sind die Zwiebeln blühfähig.

Tulpe; *Tulipa*

Bei den im Handel angebotenen Tulpenzwiebeln handelt es sich fast ausschließlich um Sorten, die echt nur vegetativ durch Brutzwiebeln vermehrt werden können. Es sind aber auch vereinzelt Wildarten auf dem Markt, die sich leicht durch Samen vermehren lassen. Darunter sind einige wie *T. clusiana*, die sich durch Selbstaussaat stark verbreiten.

Das Roden der Tulpenzwiebeln erfolgt ab Anfang Juni. Dabei ist wichtig, dass das Laub abgestorben ist.

Kleiner Winterling; *Eranthis hyemalis*

Aussaat (Selbstaussaat) gleich nach der Samenreife im Mai. Einfach ist die Vermehrung durch Teilung der Horste im Sommer.

Zeitlose; *Colchicum*

Aussaat oder Nebenknollen. Ausgesät wird am besten gleich im Anschluss an die Samenreife auf Beete im Garten, wobei die Keimung meist sehr unregelmäßig verläuft. Häufig ist ein Keimen erst im zweiten Jahr nach der Aussaat zu erwarten. Die Vermehrung durch Nebenknollen erfolgt, sobald das Laub braun geworden ist. Bei den frühjahrsblühenden Arten ist das etwa im Juni der Fall. Bei den herbstblühenden Arten nimmt man die Pflanzen im Frühjahr auf.

Sumpf- und Wasserpflanzen

Sumpf- und Wasserpflanzen können durch Aussaat, Teilung, Rhizomteilung und Ausläufer vermehrt werden.

Aussaat

Die Aussaat sollte recht bald nach der Ernte bzw. dem Eintreffen der Samen vorgenommen werden. Ausgesät wird am besten in Blumentöpfe oder Schalen aus Ton. Kunststoffgefäße sind wegen des Auftriebs nicht so gut geeignet. Als Substrat hat sich eine Mischung aus gut abgelagerter Komposterde, Lehm aus tieferen Bodenschichten und Sand im Verhältnis 1:1:1 bewährt.

Stellen Sie die Aussaatgefäße entweder untergetaucht oder im Wasser stehend auf. Untergetaucht ist es erforderlich, die Erde mit einer Schicht Sand zu bedecken.

Teilung

Viele Sumpfpflanzen, die sich als Randbepflanzung oder an flachen Stellen in Teichen verwenden lassen, können geteilt werden. Bei ihnen verzweigt sich die Pflanze am Grunde so stark, dass sich ein dichter, horstartiger Wuchs ergibt. Solche Horste können mit einem Messer oder bei sehr starken, größeren Pflanzen mit einem Spaten in kleinere, mehrtriebige Teilstücke zerlegt werden. Die Teilung von Sumpf- und Wasserpflanzen sollte nur während der Wachstumsperiode

Bei der Teilung des Kalmus (*Acorus*) muss man ein stabiles Messer zu Hilfe nehmen.

durchgeführt werden. Am besten sind die Monate Mai und Juni, wenn die Pflanzen im Trieb stehen.

Rhizomteilung

Alle Arten mit kriechender Sprossachse lassen sich dadurch vermehren, dass man die Rhizome in einzelne, 5–10 cm lange Teilstücke schneidet. Diese werden in Töpfe oder in den freien Grund gepflanzt. Der Wasserstand sollte nicht mehr als 10–12 cm betragen. Normalerweise kann sich in jeder der dicht aufeinanderfolgenden Blattachseln eine Knospe entwickeln. Diese Fähigkeit bleibt auch erhalten, wenn die Blätter längst abgestorben sind. Der Austrieb wird durch Zerschneiden des Rhizoms gefördert.

Ausläufer

Ein Großteil der Sumpf- und Wasserpflanzen lässt sich auch durch Ausläufer vermehren. Ausläufer bilden nicht nur am Bodengrund wachsende Pflanzen, sondern auch verschiedene Schwimmpflanzen.

Stecklinge

Wasser- und Sumpfpflanzen, die vorwiegend aus gestreckten Internodien aufgebaute Sprossachsen aufweisen, lassen sich in der Regel auch durch Stecklinge vermehren. Das Abtrennen der Stecklinge kann mit der Schere oder dem Messer erfolgen, meist genügen aber die Finger, da die Sprossachsen in der Regel weich sind. Je nach Sprosslänge können Kopf- und auch Teilstecklinge geschnitten werden.

Sumpf- und Wasserpflanzen von A–Z

Sumpf-Dotterblume; *Caltha palustris*

Teilung üblich. Für größere Stückzahlen teilt man in Triebstücke mit einer Knospe. Ausgesät wird am besten gleich nach der Samenreife. Das Foto zeigt Sumpf-Dotterblumen.

Europäischer Froschbiss; *Hydrocharis morsus-ranae*

Ausläufer oder Winterknospen (sogenannte Hibernakeln). Letztere entstehen im Herbst an den Spitzen der Ausläufer und sinken beim Zerfall der Pflanzen auf den Grund. Aussaat ist möglich. Für die eigene Samenernte benötigt man aber, da die Pflanze zweihäusig ist, beide Geschlechter.

Froschlöffel; *Alisma*

Mittels Aussaat (meist reichliche Selbstaussaat) und Teilung.

Bitterklee, Fieberklee; *Menyanthes trifoliata*

Teilung oder Aussaat. Die Keimung erfolgt in der Regel sehr unregelmäßig, das Saatgut kann bis zum nächsten Jahr überliegen.

Goldkeule; *Orontium aquaticum*

Teilung und Aussaat. Die Samen schwimmen zunächst auf dem Wasser und müssen abgefischt werden.

Herzförmiges Hechtkraut; *Pontederia cordata*

In der Regel durch Teilung der Rhizome (in der Zeit des Austriebs) oder

Abtrennen von Seitentrieben im Sommer. Eine Aussaat ist ebenfalls möglich.

Raues Hornblatt; *Ceratophyllum demersum*

Teilung der Sprosse, Abtrennen von Seitentrieben oder durch Aufsammeln der Winterknospen (Hibernakeln), aus denen sich im Frühjahr neue Pflanzen entwickeln.

Igelkolben; *Sparganium*

Die Vermehrung erfolgt durch Teilung und Aussaat.

Kalmus; *Acorus*

Die Teilung ist üblich. Bester Vermehrungszeitpunkt sind die Frühjahrsmonate bei beginnendem Wachstum. Samen werden in unseren Breiten meist nicht gebildet, da die Früchte nicht ausreifen.

Laichkraut; *Potamogeton*

Am einfachsten vermehren Sie durch Stecklinge von aufrechten Sprossen, die basal wieder neue Sprossen (Ausläufer) bilden, durch Rhizomteilung oder Winterknospen (Hibernakeln). Auch das Aufnehmen von Sämlingen, die sich durch Selbstaussaat entwickeln, ist möglich.

Mummel, Teichrose; *Nuphar*

Aussaat und Teilung der Rhizome. Man kann dabei in relativ kleine Stücke teilen.

Pfeilkraut; *Sagittaria*
Durch Überwinterungsknollen, die an mehr oder weniger langen Ausläufern sitzen oder durch Aussaat unmittelbar nach der Samenreife.

Rohrkolben; *Typha*
Aussaat und Teilung. Bei der Aussaat wird der Samen vom platzenden Kolben direkt auf das nasse Saatbett verteilt, angedrückt und angegossen. Teilung im Herbst oder besser noch im zeitigen Frühjahr bei beginnendem Austrieb.

Gelbe Scheinkalla; *Lysichiton americanus*
Aussaat oder Teilung (direkt nach der Blüte). Am besten lässt man die Samen an Ort und Stelle ausfallen und pikiert oder topft im folgenden Jahr.

Schilfrohr; *Phragmites australis*
Leicht durch Teilung der Rhizome zu vermehren.

Schlangenwurz, Sumpfkalla; *Calla palustris*
Teilung im zeitigen Frühjahr, wenn die Rhizome blatt- und weitgehend wurzellos sind. Sie werden dabei in Stücke mit zwei Nodien geschnitten und einzeln oder bei größeren Töpfen zu mehreren schräg in die Erde gesteckt. Aussaat nach Samenreife im Herbst. Die Samen dürfen zwischen Ernte und Aussaat auf keinen Fall austrocknen.

Schwanenblume, Blumenbinse; *Butomus umbellatus*
Aussaat oder Rhizomteilung (am besten während der Wachstumszeit vom Frühjahr bis Ende Juli).

Sumpf-Schwertlilie; *Iris pseudacorus*
Zur Vermehrung siehe Seite 78.

Gewöhnliche Seekanne; *Nymphoides peltata*
Aussaat, Abtrennen von Jungpflanzen, die an den Ausläufern gebildet werden, sowie durch Blattstecklinge (verwendet werden dazu vollausgebildete Blätter).

Seerose; *Nymphaea*
Die im Handel angebotenen Seerosen sind alle hybriden Ursprungs und können echt nur vegetativ vermehrt werden (Foto). Man trennt im Frühjahr Seitentriebe ab oder schneidet Triebspitzen. Größere Stückzahlen erhalten Sie, wenn Sie das sauber gewaschene Rhizom in Teilstücke mit ein bis zwei ehemaligen Blattansätzen schneiden. Für die Arten selbst und zur Züchtung kommt auch die Aussaat in Frage. Nachdem die Früchte aufgeplatzt sind, schwimmen die reifen Samen etwa ein bis zwei Tage auf der Wasseroberfläche, von der man sie mit einem feinen Sieb oder Tuch abfischen kann. Danach wird gleich in Kisten ausgesät. Auf keinem Fall darf der Samen trocken aufbewahrt werden, da er sonst schnell seine Keimfähigkeit verlieren würde.

Tannenwedel; *Hippuris vulgaris*
Teilung, Abtrennen der Seitentriebe (Ausläufer) oder durch Stecklinge.

Tausendblatt; *Myriophyllum*
Teilung. *M. verticillatum* (Quirliges Tausendblatt) bildet in den Blattachseln Winterknospen aus, die im Spätherbst, wenn die Pflanze abstirbt, zu

Boden sinken, und die man zur Vermehrung nutzen kann.

Wasseraloe, Krebsschere; *Stratiotes aloides*
Vermehrung durch Abtrennen der Ableger im Sommer und Aussaat bald nach der Fruchtreife. Eine eigene Samenernte ist nur möglich, wenn weibliche und männliche Pflanzen vorhanden sind. Im zeitigen Frühjahr kann auch über Wurzelschnittlinge vermehrt werden.

Europäische Wasserfeder; *Hottonia palustris*
Vermehrung über Aussaat, Stecklinge und Ausläufer möglich.

Wasserhyazinthe; *Eichhornia*
Abtrennen der Ausläuferpflanzen, die in großer Zahl entstehen.

Kanadische Wasserpest; *Elodea canadensis*
Stecklinge: Jedes kleine Stängelstück bewurzelt sich leicht und bildet bald eine neue Pflanze.

Kastanienbraunes Zypergras; *Cyperus longus*
Teilung. Wegen des festen Wurzelstocks muss man gegebenenfalls eine Axt zur Hilfe nehmen. Aussaat am besten im Frühjahr.

Sommerblumen vermehren

Allen Sommerblumen ist gemeinsam, dass sie jährlich neu vermehrt werden müssen, was in der Regel aus Samen geschieht.

Die Mehrzahl der als Sommerblumen bezeichneten Arten wachsen einjährig. Es werden jedoch auch Arten dazugezählt, die zweijährig oder ausdauernd sind, jedoch bei uns nur einjährig angebaut werden. Hinsichtlich der Anzucht lassen sich Sommerblumen, die direkt ins Freiland an Ort und Stelle ausgesät werden, von solchen unterscheiden, die unter Glas vorgezogen werden sollten. Letztere sind im Jugendstadium besonders wärmebedürftig oder haben eine lange Vegetationszeit, so dass sie sonst erst spät im Jahr blühen würden. Andere besitzen feinen Samen, die an Ort und Stelle nur zu einem geringen Teil auflaufen und brauchbare Pflanzen ergeben.

An Ort und Stelle aussäen

Die Direktsaat an Ort und Stelle ist die einfachste Art der Anzucht. Sie ist bei einer Reihe von Sommerblumen unerlässlich, da sich diese nicht oder nur schlecht verpflanzen lassen. Bei weiteren Arten ist sie nicht unbedingt nötig, aber praktisch, da gepflanzte Bestände weder üppiger, schöner, noch länger als Direktsaaten blühen. Die Direktsaat der Sommerannuellen erfolgt in der Regel von März bis Ende Mai, die der Winterannuellen im Herbst.

Den Boden vorbereiten

Flächen mit starkem Unkrautbesatz kommen für eine direkte Aussaat nicht in Frage. Das Saatbeet sollte bereits im Herbst umgegraben werden. Dabei arbeitet man am besten gut ausgereiften Kompost oder Rindenhumus ein. Im Frühjahr wird die Saatfläche dann gründlich aufgelockert, eingeebnet und gegebenenfalls noch einmal mit Sand, Kompost oder Rindenhumus verbessert.

Aussaat

Ausgesät wird breitwürfig oder in Reihen. Auf kleineren Flächen empfiehlt sich die Breitsaat, während es auf größeren Rabatten sinnvoll ist, in Reihen auszusäen. Dann können Sie den Boden besser bearbeiten, auch der Kampf gegen Unkräuter geht Ihnen leichter von der Hand.

In der Regel sind Reihenabstände von 20–30 cm üblich. Mit einem Rechenstiel oder dem Reihenzieher zieht man etwa 1–2 cm tiefe Rillen, in die die Samen ausgebracht werden. Nach dem Säen werden die Reihen zugezogen und die Erde mit einem Andrückbrett angedrückt oder mit einer Schaufel leicht angeklopft. Anschließend Direktsaaten sollte man immer gut feucht halten!

Löwenmaul *(Antirrhinum majus)* ist eine der beliebtesten Sommerblumen, sie wird ausgesät.

Sämlinge vereinzeln

Sind die jungen Sämlinge so groß, dass man sie gut greifen kann, ist der Zeitpunkt für das Ausdünnen bzw. Vereinzeln gekommen. Entfernen Sie alle zu eng stehenden Pflänzchen, so dass nur noch ein Teil der Gesamtmenge übrigbleibt. Stehen bleiben sollten stets die kräftigen Exemplare. Die verbliebenen Pflanzen müssen so weitläufig stehen, dass sie sich gegenseitig nicht beeinträchtigen. Sie können die zu dicht stehenden Pflanzen leicht herausziehen, sie abhacken oder mit

Jungpflanzen aus Anzuchtbeeten sollten mit viel Wurzelwerk aus dem Aussaatbeet genommen werden, damit ein zügiges Anwachsen garantiert ist. Das Bild zeigt Sämlinge der Studentenblumen *(Tagetes)*.

einem Messer wegschneiden. Zieht man die Pflanzen heraus, muss man anschließend kräftig gießen, damit die Erde wieder fest an die Wurzeln der verbleibenden Exemplare gespült wird.

Unter Glas aussäen und vorkultivieren

Die Verfahren der Aussaat und Vorkultur unter Glas sind auf Seite 110 beschrieben. Verschiedene Arten werden direkt aus dem Saatbeet ausgepflanzt, andere werden zunächst pikiert, wieder andere nach dem Pikieren oder direkt aus dem Saatbeet in Töpfe gepflanzt, um dann ausgepflanzt zu werden.

Jungpflanzen erfolgreich auspflanzen

Der beste Zeitpunkt zum Auspflanzen ist vom jeweiligen Klima, dem Standort und besonders von den Eigenschaften der betreffenden Arten abhängig. Frostempfindliche Sommerblumen werden stets erst ab Mitte Mai, also nach den Eisheiligen ausgepflanzt. Die günstigsten Pflanztage sind solche mit bedecktem Himmel. Unter diesen Bedingungen wachsen die Pflanzen ohne zu welken und mit nur geringen Verlusten an. Jungpflanzen aus Anzuchtbeeten müssen vorsichtig herausgehoben werden, um die feinen Wurzeln zu schonen. Achten Sie beim Pflanzen darauf, dass die Wurzeln senkrecht in die Erde kommen. Nach dem Pflanzen oder auch schon zwischendurch sind die frischgepflanzten Sommerblumen kräftig anzugießen.

Jungpflanzen aus Ton- oder Kunststoffgefäßen werden vorsichtig ausgetopft, solche aus Torftöpfen zusammen mit der organischen Ballenhülle gepflanzt. Für alle Jungpflanzen gilt, dass ihre Ballen zum Zeitpunkt des Auspflanzens gut durchfeuchtet sein sollten.

Die Pflanzenabstände richten sich nach den Eigenschaften der Arten und Sorten. Auch unterschiedliche Verwendungszwecke können die Standweiten beeinflussen. So pflanzt man „Hecken“ und natürliche Abgrenzungen aus Sommerblumen enger als auf Beeten und in Gruppen.

Sommerblumen

Dieser spezielle Teil beschreibt die Vermehrung von 70 Gattungen bzw. Arten. Hier finden Sie Angaben zum günstigsten Vermehrungszeitpunkt, und ob eine Direktsaat oder eine Aussaat unter Glas mit Vorkultur empfehlenswert ist.

Balkonpflanze, Sommerblume oder Kübelpflanze?

Hier gibt es bezüglich der Arten gewisse Überschneidungen. Sollte eine bestimmte Sommerblume hier nicht aufgeführt sein, so ist sie über das Register bei den Balkonblumen oder den Kübelpflanzen zu finden.

Bartfaden; *Penstemon-Hybriden*

Aussaat von März bis April bei 18 °C unter Glas, einmal pikieren und später in 8-cm-Töpfe setzen.

Bienenfreund, Büschelfreund; *Phacelia tanacetifolia*

Direktsaat ab März mit Folgesaaten bis Anfang Juli zu empfehlen.

Braut in Haaren, Jungfer im Grünen; *Nigella damascena*

Direktsaat ab Mitte März, Folgesaaten bis Ende Juni möglich.

Mignon-Dahlie; *Dahlia × hortensis*

Aussaat von Februar bis April unter Glas bei 18 °C. Direktsaat in Töpfe mit zwei bis drei Samen pro Topf möglich.

Duftsteinrich, Silberkraut; *Lobularia maritima*

Aussaat von April bis Mai bei 16 °C unter Glas. Zu empfehlen sind gleich vier bis fünf Samen pro 5- bis 6-cm-Topf oder Aussaat in Saatkisten und tuffweises Pikieren. Direktsaat im Mai möglich.

Flaschenkürbis, Kalebasse; *Lagenaria siceraria*

Aussaat im März unter Glas bei 22–24 °C in 9-cm-Töpfe mit zwei Samen. Auspflanzen nicht vor Anfang Juni.

Gänseblümchen; *Bellis perennis*

Aussaat im Juni/Juli bei 18 °C unter Glas oder auch auf Anzuchtbeete im Freiland.

Gartenaster, Sommeraster; *Callistephus chinensis*

Aussaat unter Glas von März bis Mai bei 15 °C. Direktsaat ist Anfang Mai möglich. (Foto: Sorte ‘Astoria’.)

Gauklerblume; *Mimulus*

Aussaat von März bis April bei 15 °C unter Glas. Den sehr feinen Samen nicht abdecken, sondern nur vorsichtig andrücken.

Gazanie; *Gazania*-Sorten
Aussaat von Februar bis April unter Glas bei 20 °C.

Marien-Glockenblume; *Campanula medium*
Aussaat von Mai bis Juni bei 15 °C in Kisten oder auch auf Anzuchtbeete im Garten.

Glockenrebe; *Cobaea scandens*
Aussaat von März bis April bei 18 °C unter Glas. Entweder drei bis fünf Samen je 11-cm-Topf aussäen oder drei Pflanzen je Topf pikieren.

Goldlack; *Crysimum cheiri*
Aussaat von Mai bis Juli bei 10–18 °C unter Glas oder auch auf Anzuchtbeete im Freiland.

Husarenknopf; *Sanvitalia procumbens*
Aussaat von März bis April bei 16–18 °C unter Glas. Zu empfehlen sind gleich drei bis vier Samen je 8-cm-Topf.

Eisvogel-Kapaster; *Felicia bergeriana*
Aussaat im März/April bei 16 °C unter Glas.

Kapkörbchen; *Dimorphotheca*
Aussaat von März bis April unter Glas bei 15 °C. Am besten gleich vier bis fünf Samen je 8-cm-Topf. Unter günstigen Bedingungen kann auch ab Anfang April direkt an Ort und Stelle breitwürfig ausgesät werden.

Kalifornischer Kappenmohn; *Eschscholzia californica*
Aussaat von März bis Mai oder auch schon im September am besten direkt an Ort und Stelle. Diese Sommerblume lässt sich infolge der Pfahlwurzeln nur schlecht verpflanzen.

Große Kapuzinerkresse; *Tropaeolum majus*
Am besten horstweise Direktsaat Ende April/Anfang Mai mit zwei bis drei Samen alle 30–50 cm. Nicht früher, da sehr frostempfindlich.

Kanaren-Kapuzinerkresse; *Tropaeolum peregrinum*
Aussaat im März/April unter Glas bei 18–20 °C. Zu empfehlen sind gleich zwei bis drei Samen je 10-cm-Topf.

Kardy, Wilde Artischocke; *Cynara cardunculus*
Aussaat von März bis April bei 15–18 °C unter Glas. Am besten gleich drei Samen je 10-cm-Topf.

Zier-Kohl; *Brassica oleracea* var. *acephala*
Aussaat im April bei 16 °C unter Glas, später auch auf Anzuchtbeete im Freiland. Es gibt ihn in verschiedenen Farbschattierungen.

Kokardenblume; *Gaillardia*
Aussaat im März bis April bei 16 °C unter Glas. Direktsaat ab Mitte Mai.

Kornblume; *Centaurea cyanus*
Aussaat im März bis April oder auch schon im Herbst, am besten an Ort und Stelle aussäen.

Zier-Kürbis; *Cucurbita pepo*
Aussaat unter Glas Mitte bis Ende April mit je zwei bis drei Samenkörner je 10- bis 12-cm-Topf. Im Mai auch Direktsaat an Ort und Stelle mit drei bis vier Samen je Saatstelle möglich.

Großblütiger Lein; *Linum grandiflorum*
Direktsaat April bis Mai. Nach dem Aufgehen auf 15 cm Abstand vereinzeln.

Garten-Levkoje; *Matthiola incana*
Aussaat im März bis April unter Glas bei 15–18 °C. Keimzeit 8 bis 14 Tage. Nach dem Aufgehen pikiert man in 8-cm-Töpfe. (Foto: Jungpflanzen 30 Tage nach Aussaat.)

Garten-Löwenmaul; *Antirrhinum majus*
Die Aussaat kann von Februar bis April unter Glas bei 15–20 °C erfolgen. Auspflanzen schon ab Mitte April möglich.

Färber-Mädchenauge; *Coreopsis tinctoria*
Aussaat unter Glas im März bis April bei 12–15 °C. Eine Direktsaat ab Mitte April ist möglich.

Zier-Mais; *Zea mays*
Aussaat im April bis Mai unter Glas bei 15–18 °C. Zu empfehlen sind gleich zwei Samen je 9-cm-Topf. Direktsaat ab Anfang Mai möglich.

Becher-Malve; *Lavatera trimestris*
Direktsaat von April bis Juni möglich. Nach dem Auflaufen auf 50–60 cm vereinzeln.

Garten-Mittagsblume; *Dorotheanthus bellidiformis*
Aussaat im März bis April bei 18 °C unter Glas. Am besten gleich vier bis fünf Samen je 8-cm-Topf.

Island-Mohn; *Papaver nudicaule*
Aussaat im Juli für Blüte im Mai bis Juni des folgenden Jahres, Januaraussaat blüht noch im selben Jahr. Aussaat unter Glas, einmal pikieren und vor dem Auspflanzen zwei bis drei Sämlinge in 8- bis 10-cm-Töpfe setzen. Eine Direktsaat ist von Juli bis September möglich.

Muschelblume; *Moluccella laevis*
Aussaat von März bis April bei 15 °C unter Glas. Eine Direktsaat ist Anfang Mai möglich.

Bart-Nelke; *Dianthus barbatus*
Aussaat von April bis Juli bei 16 °C unter Glas oder auf Anzuchtbeete im Freiland.

Chinenser-Nelke, Kaiser-Nelke; *Dianthus chinensis*
Aussaat von Februar bis April unter Glas bei 18–20 °C. Am besten gleich mit zwei bis drei Samen je 9-cm-Topf.

Garten-Nelke; *Dianthus caryophyllus*
Aussaat im Februar/März bei 18 °C unter Glas. Nach dem Auflaufen am besten in 7- bis 8-cm-Töpfe pikieren.

Nemesie; *Nemesia*
Aussaat im April bis Mai bei 12–15 °C unter Glas. Zu empfehlen sind gleich zwei bis drei Samen je 8-cm-Topf.

Einjährige Papierblume; *Xeranthemum annuum*
Direktsaat im April oder September. Nach dem Aufgehen auf 25–30 cm Abstand vereinzeln.

Rosa Papierblümchen; *Acroclinium roseum*
Aussaat im März bis April bei 18 °C unter Glas. Die Sämlinge können dann direkt aus der Saatkiste ausgepflanzt werden. Direktsaat Ende April/Anfang Mai möglich.

Papierknöpfchen, Sandimmortelle; *Ammobium alatum*
Aussaat im März/April bei 16–18 °C. Direktsaat im Mai möglich.

Einjähriger Phlox; *Phlox drummondii*
Aussaat im März bis April unter Glas bei 16–18 °C.

Portulakröschen; *Portulaca grandiflora*
Aussaat von März bis April bei 18 °C unter Glas. Zu empfehlen sind gleich drei bis fünf Samen je 8-cm-Topf oder Aussaat in Saatkisten und pikieren von drei Sämlingen je 11-cm-Topf.

Garten-Ringelblume; *Calendula officinalis*
Direktsaat von März bis Mai. Staffeln Sie die Aussaatzeiten, dann erhalten Sie vom Frühsommer bis zum Herbst blühende Bestände.

Einjähriger Rittersporn; *Consolida*
Aussaat von März bis April bei 10–15 °C unter Glas oder auch Ende April oder im September direkt an Ort und Stelle.

Rizinus, Wunderbaum; *Ricinus communis*
Aussaat von März bis Mai unter Glas bei 20 °C. Dabei je einen Samen in einen 9- bis 10-cm-Topf aussäen. Auspflanzen ab Ende Mai im Abstand von 100–200 cm. Als Endstandort ist auch ein großer Topf gut geeignet.

Einjähriger Salbei; *Salvia*-Arten
Aussaat im März/April bei 20 °C unter Glas. Temperaturschwankungen sind zu vermeiden. Der Pracht-Salbei (*S. splendens*) auch schon im Februar.

Schnee auf dem Berge; *Euphorbia marginata*
Aussaat von März bis Mai bei 18 °C unter Glas. Direktsaat im Mai möglich.

Einjähriges Silberblatt; *Lunaria annua*
Aussaat von März bis Juli bei 18 °C unter Glas. Im Juni/Juli auch Direktsaat.

Samt-Skabiose; *Scabiosa atropurpurea*
Aussaat von März bis April bei 20 °C unter Glas. Eine Direktsaat im Mai ist möglich.

Sommer-Schleierkraut; *Gypsophila elegans*
Die Direktsaat erfolgt von März bis Mai. Nach dem Aufgang sind die Sämlinge auf einen Abstand von 20–25 cm zu vereinzeln.

Schleifenblume; *Iberis*
Aussaat von März bis April bei 18 °C unter Glas. Man kann auch direkt an Ort und Stelle aussäen und später vereinzeln. Im September sät man für die Maiblüte des kommenden Jahres.

Fiederblättriges Schmuckkörbchen; *Cosmos bipinnatus*
Aussaat von März bis Mai unter Glas bei 18 °C, am besten gleich zwei bis drei Samen je 8-cm-Topf. Ab Mai ist eine Direktsaat im Freien möglich.

Spaltblume, Schlitzblume; *Schizanthus × wisetonensis*
Aussaat von März bis April bei 10–15 °C unter Glas. Direktsaat ist ab Ende April möglich.

Gewöhnliche Sonnenblume; *Helianthus annuus*
Eine Direktsaat erfolgt im April bis Mai. Je nach Sorteneigenschaft im Abstand von 40–70 cm zwei bis vier Samen je Saatstelle auslegen. Eine andere Möglichkeit ist die Aussaat in 9- bis 10-cm-Töpfe mit zwei Samen (Foto), Ende Mai auspflanzen.

Rauer Sonnenhut; *Rudbeckia hirta*
Aussaat von März bis April bei 18 °C unter Glas.

Spinnenpflanze; *Cleome*
Aussaat von März bis April bei 18 °C unter Glas, einzeln in 8- bis 9-cm-Töpfe oder entsprechende Pflanzeinheiten pikieren.

Garten-Stiefmütterchen; *Viola × wittrockiana*
Aussaat im Juni bis Juli ins Frühbeet oder auch auf Anzuchtbeete im Freiland. Zur Keimung sind Temperaturen von 15 °C am günstigsten, höhere Temperaturen verzögern die Keimung. Da Stiefmütterchen zu den lichtgehemmten Keimern gehören, sind die Aussaaten bis zur Keimung abzudecken (z. B. mit schwarzer Folie).

Chinesische Stockrose; *Alcea rosea*
Aussaat von Februar bis März bei 18 °C unter Glas. Direktsaat in 8- bis 9-cm-Töpfe möglich.

Strandflieder, Meerlavendel; *Limonium bonduellei, L. sinuatum*
Aussaat von März bis April bei 18 °C unter Glas.

Garten-Strohblume; *Helichrysum bracteatum*
Von März bis April jeweils zwei bis drei Samen je 8-cm-Topf bei 18 °C unter Glas aussäen.

Studentenblume; *Tagetes*
Aussaat ab Februar bis Ende April bei 16–18 °C unter Glas. Grundsätzlich ist auch eine Direktsaat möglich.

Flügel-Tabak; *Nicotiana alata*
Aussaat von Februar bis April bei 20 °C unter Glas. Das feine Saatgut nicht abdecken, sondern nur andrücken. Auspflanzen nicht vor Ende Mai.

Wald-Vergissmeinnicht; *Myosotis sylvatica*
Aussaat im Juli unter Glas oder auch auf Anzuchtbeete im Freiland.

Duft-Wicke; *Lathyrus odoratus*
Direktsaat von April bis Mai in Reihen, dabei Samenabstand in der Reihe 8–15 cm bei mindestens gleichem Reihenabstand.

Dreifarbige Winde; *Convolvulus tricolor*
Aussaat von April bis Mai bei 18 °C unter Glas, am besten gleich drei bis fünf Samen je 11-cm-Topf. Direktsaat im Mai möglich.

Prunkwinde; *Ipomoea*-Arten
Aussaat von März bis April bei 18 °C unter Glas. Die blaue Prunkwinde lässt sich Ende April/Anfang Mai auch direkt an Ort und Stelle aussäen.

Sternwinde; *Ipomoea lobata*
Von März bis April am besten gleich drei bis fünf Samen je 10-cm-Topf bei 20 °C unter Glas aussäen.

Wucherblume; *Xanthophthalmum* inkl. *Coleostephus* und *Ismelia*
Aussaat unter Glas von März bis Mai bei 15 °C oder auch breitwürfig an Ort und Stelle von April bis Mai.

Wunderblume; *Mirabilis jalapa*
Aussaat von März bis April bei 12–14 °C unter Glas.

Zinnie; *Zinnia angustifolia*
Aussaat von März bis April bei 20 °C unter Glas. Auspflanzen nicht vor Ende Mai (wärmebedürftig).

Zimmerpflanzen sowie Balkon- und Kübelpflanzen vermehren

Pflanzen für die Wohnung, den Balkon oder die Terrasse lassen sich wie Gehölze oder Stauden sowohl vegetativ als auch generativ vermehren. Wie Sie am besten gesunden und kräftigen Nachwuchs erzielen, erfahren Sie hier.

Aussäen

Die Samen der Zimmerpflanzen sind im Allgemeinen nicht lange lebensfähig. Deshalb muss man oft direkt nach Erhalt des Saatgutes aussäen, auch wenn die Frühjahrsmonate in Bezug auf Licht und Temperatur für die Aussaat besser geeignet sind.

In der Regel können die meisten Arten ohne jede Vorbehandlung ausgesät werden. Bei Samen mit harter, wasserundurchlässiger Samenschale, insbesondere Arten aus der Familie der Leguminosen, ist es jedoch sinnvoll, die Samenschale aufzurauen oder anzufeilen, wie dies auf Seite 35 beschrieben wurde.

Direkt nach dem Aussäen wird mit einem Andrückbrettchen die Aussaatfläche leicht befestigt, anschließend mit Aussaaterde bedeckt. Man nimmt hierzu ein feines Erdsieb oder ein Mehlsieb, wie es in der Küche verwendet wird. Die Abdeckhöhe richtet sich nach der Größe der Samen, wobei Sie bei Zimmerpflanzen generell vom ein- bis zweifachen der Samengröße ausgehen können. Feine Sämereien werden nicht abgedeckt, hier genügt das vorsichtige Andrücken.

Die Aussaaten werden anschließend hell, aber vor direkter Sonne geschützt aufgestellt. Decken Sie wertvolle Sämereien mit einer Glasscheibe ab oder stellen Sie diese in ein Vermehrungsbeet. Bei direkter Sonneneinstrahlung deckt man die Gefäße oder Einrichtungen mit Zeitungspapier ab. In der lichtarmen Zeit und bei ungünstigen Standorten kann man Aussaaten auch künstlich belichten. Hierfür ist eine Leuchtstoffröhre besser geeignet als eine Glühbirne. Die Beleuchtung darf nicht zu nah über der Aussaat angebracht werden, da es sonst zu einer zu starken Erwärmung kommen kann.

Die einzelnen Arten stellen unterschiedliche Anforderungen an die Keimtemperatur. Die günstigste Keimtemperatur liegt bei den meisten zwischen 20 und 25 °C. Optimal ist die Verwendung von Zimmergewächshäusern, die elektrisch heizbar und regulierbar sind. Haben Sie diese Möglichkeit nicht, müssen Sie einen Platz im Zimmer oder Kleingewächshaus suchen, der die optimale Temperatur aufweist.

Bis zur Keimung darf die Saatfläche niemals austrocknen. Sobald die Keimung beginnt, sollte die Scheibe oder Abdeckhaube nicht mehr dicht aufliegen. Bevor Sie die Abdeckung ganz

Damit die Wurzeln der einzelnen Keimlinge nicht miteinander verfilzen, ist es sinnvoll, frühzeitig zu pikieren, am besten wie hier im Keimblattstadium. So haben die Sämlinge optimale Bedingungen zügig weiterzuwachsen.

entfernen, müssen die Sämlinge durch Unterlegen eines Hölzchens oder Ähnlichem an die Umgebungsluft gewöhnt werden. Allerdings darf man mit dem Entfernen der Abdeckung nicht zu lange warten, denn sonst werden die Sämlinge schwach, überlang und anfällig für Krankheiten.

Keimlinge pikieren

Sobald die Keimlinge ausreichend groß sind, wird pikiert (siehe auch Seite 23). Sie können die pikierten Pflanzen in der Wohnung an ein Ost-, West- oder Südfenster stellen. Damit sie nicht einseitig zum Licht hin wachsen, sollten Sie die Pikiergefäße wöchentlich um 180° drehen. Die Temperatur sollte 20 °C und mehr betragen. Temperaturen unter 18 °C sind zu vermeiden, da das Wachstum sonst stark beeinträchtigt wird und bei einigen Pflanzenarten ganz aufhört.

Vegetativ vermehren

Bei Zimmerpflanzen hat die vegetative Vermehrung einen besonders großen Stellenwert, da häufig nicht genügend

Saatgut oder ausreichend keimfähige Samen zu bekommen sind, und sich viele Blüten- und Grünpflanzen sortenecht auch ausschließlich vegetativ vermehren lassen.

Teilung

Viele Zimmerpflanzen lassen sich ohne große Probleme durch Teilung vermehren. Teilen Sie bevorzugt im Frühjahr zu Beginn der Hauptwachstumszeit. Um diese Zeit wurzeln die Teilstücke am besten in ihren neuen Gefäßen ein, und auch sonst sind die Bedingungen zu dieser Zeit optimal. Kann man einige Arten, etwa Zier-Spargel, einfach durch Zerschneiden des Wurzelstocks teilen, so muss man bei der Mehrzahl der Pflanzen etwas behutsamer vorgehen. Topfen Sie die zu teilende Pflanze aus und schütteln Sie die alte Erde ab bzw. lockern Sie den Wurzelballen mit einem Hölzchen auf. Dann wird die Pflanze vorsichtig mit etwas Fingerspitzengefühl auseinandergerissen. Dabei kommt man häufig nicht ohne ein Messer oder eine Schere aus. Jedes Teilstück muss mindestens eine Knospe und noch genügend Wurzelwerk besitzen. Kranke, beschädigte, abgestorbene und überlange Wurzeln werden entfernt oder eingekürzt. Die einzelnen Teilstücke werden je nach Größe in entsprechende Gefäße eingetopft. Wässern Sie vorerst nur wenig, bis sich neuer Wuchs zeigt. Stellen Sie die geteilten Pflanzen außerdem einige Tage vor direkter Sonne geschützt auf.

Kindel und Ableger

Kindel und Ableger sind an der Pflanze entspringende, bewurzelte Seitensprosse. Dabei wird die Bezeichnung Kindel in der Regel nur bei Ablegern von *Bromeliaceae* (Ananasgewächse) verwendet.

Trennen Sie die Ableger oder Kindel mit einem scharfen Messer von der Mutterpflanze ab und achten Sie dabei auf die Wurzeln. Je mehr intakte Wurzeln der Ableger hat, umso besser wächst er an. Sukkulente Ableger lässt man einige Stunden an der Luft liegen, bis die Wundfläche abgetrocknet ist (siehe auch Seite 132).

Ableger benötigen, falls sie nicht von Sukkulenten stammen, eine etwas sorgfältigere Pflege als die durch Teilung vermehrten Pflanzen, da das Verhältnis von Wurzelmasse zu Blattmasse in der Regel geringer ist. Wählen Sie zum Eintopfen keine zu großen Töpfe aus. Ableger mit wenigen Wurzeln benötigen in den ersten Tagen nach dem Eintopfen einen Verdunstungsschutz, z. B. durch Abdecken mit Folie.

Ausläufer

Ausläufer oder Stolonen sind ober- oder unterirdisch wachsende Sprossachsen mit sehr langen Internodien, aus deren Knospen sich Jungpflanzen mit sprossbürtigen Wurzeln entwickeln. Man findet sie u. a. an *Chlorophytum* (Grünlilie) und *Saxifraga stolonifera* (Judenbart). Weisen die jungen Pflänzchen genügend Wurzeln auf, kann man sie von der Mutterpflanze abtrennen und eintopfen. Die Weiterkultur erfolgt wie die Kultur von Ablegern.

Das Brutblatt macht seinem Namen alle Ehre: Die winzigen Brutpflanzen bilden sich schon an der Mutterpflanze.

Zu den Zimmerpflanzen, die durch Stammstecklinge vermehrt werden können, gehört zum Beispiel die Dieffenbachie.

Brutpflanzen

Dass eine vegetative Vermehrung nichts Unnatürliches ist, machen die als lebendgebärend bezeichneten Arten deutlich, die auf Blättern, Blattstielen und an Blütenständen kleine Brutpflänzchen mit Wurzeln ausbilden. Bei einer bestimmten Größe fallen die Brutpflänzchen ab und wachsen, wenn sie auf ein geeignetes Substrat fallen, zu neuen Pflanzen heran.

Das bekannteste Beispiel für diese Art der Vermehrung sind Arten der Gattung *Bryophyllum* (Brutblatt). In der Regel bilden sich die Brutpflänzchen schon an der wachsenden Pflanze aus (siehe Foto S. 113), es gibt aber auch Arten bei denen die Brutpflänzchen erst nach dem Abtrennen und Auflegen der Blätter auf ein geeignetes Substrat heranwachsen.

Abmoosen

Das Abmoosen ist besonders bei großblättrigen Pflanzen vorteilhaft, da sie aufgrund der großen Blattfläche viel Wasser verdunsten und bei einer normalen Vermehrung über Stecklinge große Schwierigkeiten haben, Wurzeln zu bilden. Die genaue Technik des Abmoosens können Sie bei den Gehölzen auf Seite 41 nachlesen.

Sprossstecklinge

Die Vermehrung durch Sprossstecklinge wird auf Seite 26 ausführlich beschrieben. Alle Angaben gelten auch für Zimmerpflanzen.

Stammstecklinge

Zur Gewinnung von Stammstecklingen zerteilen Sie den Spross mit einem scharfen Messer in kurze, 3–10 cm lange Abschnitte, von denen jedes Stück mindestens einen Blattansatz (Nodium) mit einem ruhenden Auge (Knospe) aufweisen muss. Sie können aber auch längere Sprossstücke mit mehreren Nodien in das Vermehrungssubstrat legen und diese erst nach erfolgter Bewurzelung und Durchtrieb in kleinere Stücke teilen.

Im Gegensatz zu Kopf- und Teilstecklingen werden Stammstecklinge in der Regel nicht senkrecht gesteckt, sondern waagerecht in das Vermehrungssubstrat gelegt und zur Hälfte mit Erde bedeckt. Schon bald werden sich am Nodium Wurzeln bilden, und das Auge wird zu einem neuen Spross auswachsen.

Augenstecklinge

Der Augen- bzw. Knotensteckling ist in der Regel ein beblättertes, etwa 2–3 cm langes, verholztes Sprossstück mit einem gut ausgebildeten Auge. Stecken Sie die Stecklinge einzeln senkrecht in Töpfe, rollen Sie das Blatt zusammen, um die Verdunstung einzuschränken, und halten Sie es mit Bast oder einem Gummiring zusammen. Durch die so gebildete Blattröhre wird dann ein Stäbchen gesteckt, das dem Ganzen einen gewissen Halt verleiht.

Bei Pflanzen mit gegenständigen Blättern kann das Sprossstück noch halbiert werden. Man erhält so je Blattansatz (Nodium) zwei Stecklinge. Solche Stecklinge werden waagerecht gesteckt bzw. ausgelegt.

Blattstecklinge

Blattstecklinge lassen sich aus ganzen Blättern oder Blattteilen gewinnen. Durch ganze Blätter vermehrt man bei-

Die drei Methoden der Blattstecklingsvermehrung bei der Königs-Begonie: Quadrate, Keilstücke, ganzes Blatt mit Einschnitten.

spielsweise Usambaraveilchen. Die besten Ergebnisse erzielt man mit etwa fünf Monate alten Blättern, die einen Durchmesser von etwa 4 cm aufweisen. Kürzen Sie die Blattstiele auf 1–2 cm ein, da die Bewurzelung umso länger dauert, je länger der Blattstiel ist. Bei größeren Mengen steckt man die Blätter schuppenförmig oder dachförmig gegenüberstehend, damit sie selbst bei engem Stand möglichst viel Licht erhalten.

Vom Stecken des Blattes bis zur Bewurzelung und Bildung sichtbarer Austriebe vergehen etwa acht bis zwölf Wochen. Dabei entstehen pro Blatt mehrere kleine Pflänzchen. Damit sich schöne Blattrosetten ausbilden, müssen diese Pflänzchen beim Pikieren voneinander getrennt werden, da sonst leicht ein Gewirr von vielen Rosetten entsteht.

Blattstückstecklinge

Bei einigen Arten haben selbst Blattadern die Fähigkeit, nach Verletzung und Abtrennung Vegetationspunkte und Wurzeln auszubilden. Bei der Vermehrung von *Begonia rex* gibt es mehrere Varianten: Sie können beispielsweise ausgereifte, jedoch nicht verhärtete Blätter verwenden, aus denen man entlang der Blattadern keilförmige Stücke herausschneidet. Diese werden mit dem schmalen Ende dicht nebeneinander in das Vermehrungsgefäß gesteckt.

Oder Sie schneiden das Blatt in 2–3 cm große Quadratstücke. Diese werden nebeneinander in das Vermehrungsgefäß gelegt oder gesteckt. Am Rande der Stücke bilden sich nach einigen Wochen Vegetationspunkte und Wurzeln aus.

Die dritte Variante ist die Blatteinschnittmethode. Hier legt man ganze Blätter flach auf das Vermehrungssubstrat, beschwert sie mit kleinen Steinchen oder steckt sie mit kleinen Drahtklammern fest und durchtrennt dann an einigen Stellen die Blattadern. An diesen Schnittstellen entwickeln sich schon nach kurzer Zeit junge Pflänzchen.

Bei *Streptocarpus* (Drehfrucht) trennt man bei ausgewachsenen Blättern die Mittelrippe heraus, so dass zwei Hälften entstehen. Diese Hälften steckt man schräg in ihrer ganzen Länge in das Vermehrungssubstrat. Bei Verwendung kleinerer Gefäße können die Hälften auch in kleinere Teilstücke geschnitten werden. Nach der Bewurzelung und Ausbildung neuer Triebe werden die Blatthälften in kleinere Einheiten zerschnitten, pikiert oder in kleine Töpfe gepflanzt.

Man kann das Blatt auch in Querstücke trennen, die, um sie besser stecken zu können, am unteren Ende keilförmig zugeschnitten werden. Das Stecken und die Weiterbehandlung dieser Querstücke erfolgt wie bei Usambaraveilchen beschrieben.

Bei *Sansevieria* teilt man ausgereifte Blätter in 5–6 cm lange Teilstücke, die senkrecht in das Vermehrungssubstrat gesteckt werden. Bei *Sansevieria* ist zu beachten, dass sich durch Blatt- und Teilstecklinge nur die grünblättrigen Arten vermehren lassen.

Stecklinge im Wasser vermehren

Sie können auch versuchen, Stecklinge im Wasser zu bewurzeln. Dazu benötigen sie außer einem geeigneten Gefäß keine weiteren Hilfsmittel. Einfacher geht's nicht! Viele von Natur aus wüchsige Arten wie Dreimasterblume, Fleißiges Lieschen, Buntnessel, aber auch *Epipremnum aureum* (Efeutute) und *Dieffenbachia* bilden im Wasser willig Wurzeln aus. Auch etwas schwieriger wurzelnde Arten wie Oleander, Zimmerlinde und selbst Blattstecklinge des Usambaraveilchens bewurzeln in Wasser. Die Gefäße, die man verwendet, sollten nicht aus Metall sein. Von Vorteil ist es, wenn man dem Wasser etwas Blumendünger zugibt, etwa 0,5 g bzw. 0,5 ml je 1 Liter Wasser.

Einen kleinen Nachteil hat diese Methode jedoch. Die bewurzelten Stecklinge erleiden nach dem Umpflanzen in Erde zunächst einen Schock. Um diesen möglichst klein zu halten, sollten Sie möglichst früh in Erde topfen und nicht erst dann, wenn die Wurzeln schon das halbe Glas angefüllt haben.

Zimmerpflanzen

Hier finden Sie alle Pflanzen fürs Haus und Wohnung beschrieben mit Ausnahme der Zimmerfarne, Kakteen und anderen Sukkulenten, Palmen, Orchideen und Bromelien. Diese werden im Anschluss daran in eigenen Kapiteln behandelt, da bei ihnen einige Besonderheiten zu beachten sind.

Soweit keine Angaben zum Zeitpunkt gemacht werden, können Sie ganzjährig vermehren, doch sollten Sie dies bevorzugt im Frühjahr zu Beginn der Hauptwachstumszeit tun. Den Pflanzen bleibt dann die gesamte Wachstumsperiode für eine gute Entwicklung als Basis kräftiger Individuen. Bei der Vermehrung durch Stecklinge ist ein Einsatz von Wuchsstoffen zu empfehlen.

Zimmer-Alpenveilchen; *Cyclamen persicum*

Aussaat von August bis in das Frühjahr hinein. Optimale Keimtemperatur 20 °C. Temperaturschwankungen nach oben und unten führen zu einem schlechten Keimergebnis. Später reichen 15 °C aus.

Japanische Aukube; *Aucuba japonica*

Buntblättrige Formen echt nur durch Stecklinge (bei 20 °C) vermehrbar. Die Art selbst kann auch ausgesät werden.

Indica-Azalee; *Rhododendron simsii*

Stecklinge werden im April/Mai geschnitten. Die Kopfstecklinge sollten mindestens sechs Blätter besitzen. Gesteckt wird am besten in reinen Weißtorf. Die Vermehrungstemperatur beträgt 20–22 °C.

Amerikanische Baumwolle; *Gossypium hirsutum*

Aussaat im Frühjahr. Die Samen, die auch in Kultur reichlich angesetzt werden, keimen willig. Vermehrungstemperatur 22 °C, Weiterkultur nicht unter 18 °C (Foto).

Blatt-, Strauch- und Hängebegonie; *Begonia*

Die Arten mit strauchförmigem Wuchs (z. B. *B. albopicta)* lassen sich leicht durch Sprossstecklinge vermehren. *B. masoniana* und andere rhizombildende Arten können leicht geteilt werden. Darüber hinaus sind Begonien auch leicht durch Blattstecklinge (insbesondere *B. rex)* zu vermehren. Eine Vermehrung durch Aussaat der sehr feinen Samen ist ebenfalls möglich.

Vermehrungstemperatur 25–30 °C, Weiterkultur bei 20 °C.

Elatior-Begonie; *Begonia*-Elatior-Hybriden
Ganzjährig durch Blatt- und Kopfstecklinge. Für Blattstecklinge eignen sich jene Blättchen der Blütenregion, die nahezu ausgewachsen sind. Vermehrungstemperatur 20–25 °C, Weiterkultur nicht unter 18 °C. Im Handel finden sich auch Samen einer Sortengruppe namens 'Charisma'-Serie, die den Elatior-Begonien zuzuordnen ist. Aussaat am besten im Frühjahr bei Temperaturen um 25 °C.

Lorraine-Begonie; *Begonia*-Lorraine-Hybriden
Spross- und Blattstecklinge bei 25 °C. Von einigen Hybridsorten wird auch Saatgut angeboten. Aussaat im März bei 20 °C, Weiterkultur nicht unter 15 °C möglich.

Belladonnenlilie; *Amaryllis bella-donna*
Durch Brutzwiebeln nach der Blüte. Bis zur Blühreife dauert es allerdings drei bis vier Jahre.

Blattfahne, Scheidenblatt; *Spathiphyllum*
Für kleinere Mengen bzw. Einzelexemplare bietet sich die Teilung der Pflanzen an, die am besten in den Frühjahrsmonaten durchgeführt wird. Vermehrungstemperatur 25 °C, Weiterkultur nicht unter 20 °C.

Reichblühende Frühe Blutblume; *Scadoxus multiflorus* subsp. *katherinae*
Aussaat oder Brutzwiebeln. 'König Albert', eine Hybride aus *S. multiflorus* subsp. *katherinae* und *S. puniceus*, kann nur durch Brutzwiebeln vermehrt werden. Vermehrungstemperatur 22 °C, Weiterkultur nicht unter 16 °C.

Brasiljasmin; *Mandevilla sanderi*
Teilstecklinge mit mindestens einem Auge oder durch gut ausgereifte Kopfstecklinge bevorzugt in den Frühjahrs- und Sommermonaten. Der Austritt des Milchsaftes wird in lauwarmem Wasser zum Stillstand gebracht. Vermehrungstemperatur 22–25 °C, Weiterkultur nicht unter 18 °C.

Brunfelsie; *Brunfelsia pauciflora*
Kopf- oder Teilstecklinge, später zwei bis drei Jungpflanzen in den Endtopf setzen. Optimale Vermehrungstemperatur 20–25 °C, Weiterkultur nicht unter 18 °C.

Bubiköpfchen; *Soleirolia soleirolii*
Die Vermehrung des Bubiköpfchens erfolgt vegetativ. Dazu schneidet man von älteren Pflanzen büschelweise die dünnen Triebe ab, die man dem Substrat in 7- bis 11-cm-Endtöpfen nur auflegt (Foto) und mit Drahtklammern festheftet. Vermehrungstemperatur 20–22 °C, Weiterkultur bei 18 °C.

Buntnessel; *Plectranthus scutellarioides*
Kopfstecklinge und Aussaat. Im Handel werden eine Reihe von Sorten mit reichem Farbspiel und unterschiedlichen Blattformen angeboten. Vermehrungstemperatur 20–22 °C, Weiterkultur nicht unter 15 °C.

Chinafingerhut, Rehmannie; *Rehmannia angulata*
Aussaat im Frühjahr oder Stecklinge im Frühsommer. Vermehrungstemperatur 22 °C, Weiterkultur nicht unter 18 °C zu empfehlen.

Zimmer-Clivie; *Clivia miniata*
Vermehrung durch Abtrennen der Seitensprosse nach der Blüte. Sie erreichen meist nach zwei Jahren ihre Blühfähigkeit. Größere Mengen werden durch Aussaat vermehrt. Allerdings dauert es bei der Aussaat relativ lang, bis Sie ansehnliche Pflanzen erhalten. Samen sind nach der Reife auszusäen, da die Keimfähigkeit nur sehr kurz anhält. Vermehrungstemperatur 20–22 °C, Weiterkultur nicht unter 18 °C.

Christusdorn; *Euphorbia milii*
Kopfstecklinge, die bei 20–22 °C willig wurzeln. Durch Tauchen in 25–30 °C warmen Wasser ist der austretende Milchsaft vor dem Stecken zum Gerinnen zu bringen. Da der Milchsaft giftig ist, sollten Gummihandschuhe getragen werden.

Gärtner-Cinerarie; *Pericallis × hybrida*
Aussaat, der Handel bietet einige sogenannter Formelmischungen mit einem reichen Farbenspiel an. Ausgesät wird von Juli bis September. Vermehrungstemperatur 22–24 °C, Weiterkultur bei 18 °C.

Gelbe Dickähre, Gelber Zimmerhopfen; *Pachystachys lutea*
Die Vermehrung erfolgt am besten durch Kopfstecklinge, Teilstecklinge bringen einen ungleichen Austrieb. Später sind drei Jungpflanzen zusammen in einem Endtopf zu pflanzen. Vermehrungstemperatur 22–24 °C, Weiterkultur nicht unter 18 °C.

Dieffenbachie; *Dieffenbachia*
Kopf- oder etwa 5 cm lange Stammstecklinge mit mindestens einem Auge, die horizontal auszulegen sind. Vermehrungstemperatur 25 °C, Weiterkultur nicht unter 15 °C.

Drachenbaum; *Dracaena*
Mit Ausnahme von *D. draco* (Echter Drachenbaum), der ausgesät wird, werden alle anderen Arten vegetativ durch Kopf- oder Stammstecklinge (mit zwei bis drei Augen) vermehrt. Vermehrungstemperatur 25–30 °C, Weiterkultur nicht unter 18 °C. Im Handel werden gelegentlich unbewurzelte Stämme unterschiedlicher Länge angeboten, die man als Ti-plants bezeichnet und wie Stammstecklinge behandelt.

Drehfrucht; *Streptocarpus*-Sorten
Blattstecklinge, größere Pflanzen auch durch Teilung. Von einigen Sorten wird auch Saatgut angeboten, wobei auch eigene Samenernte möglich ist. Vermehrungstemperatur 22–25 °C, Weiterkultur nicht unter 18 °C.

Dreimasterblume, Tradeskantie; *Tradescantia*
Kopf- oder auch Triebstecklinge, von denen man bis zu zehn Stück gleich in den Endtopf steckt. Vermehrungstemperatur 20 °C, Weiterkultur bei 18 °C. Tradeskantien bewurzeln auch in Wasser recht gut.

Efeu; *Hedera*
Kopf- und Teilstecklinge, ganzjährig. Bei den Teilstecklingen reichen Triebstücke mit ein bis zwei Blattansätzen aus. Längere Triebe werden auf dem Substrat kreisförmig aufgelegt und mit Drahtklammern festgesteckt (Foto). Vermehrungstemperatur 20 °C, Weiterkultur nicht unter 18 °C.

Efeuaralie; × *Fatshedera lizei*
Kopf- oder Teilstecklinge, Letztere mit mindestens zwei Nodien (Blättern). Vermehrungstemperatur 20–24 °C, Weiterkultur nicht unter 15 °C.

Efeutute; *Epipremnum*
Kopf- oder Teilstecklinge, Letztere mit ein bis zwei Nodien (Foto). Bis zur Bewurzelung dauert es sechs bis zehn Wochen. Später mehrere Jungpflanzen in den Endtopf setzen. Vermehrungstemperatur 20–22 °C, Weiterkultur nicht unter 18 °C.

Gefleckte Efeutute; *Scindapsus pictus*
Vermehrung wie Efeutute.

Elefantenohr, Kaladie; *Caladium*
Knollenteilung am Ende der Ruhezeit im Frühjahr. Der Neuaustrieb sollte bereits sichtbar sein, damit man sicher weiß, dass jedes Teilstück mindestens ein Auge besitzt. Vermehrungstemperatur bis zur Ausbildung der ersten Blätter 25–30 °C, Weiterkultur nicht unter 20 °C.

Falsche Gloxinie, Gartengloxinie; *Sinningia speciosa*
Im Gartenbau ausschließlich aus Samen, üblicherweise von Oktober bis Februar. Dabei dürfen die staubfeinen Samen nicht übersiebt werden. Außerdem ist es möglich durch Teilung der Knollen, Kopfstecklinge und Blattstecklinge zu vermehren. Vermehrungstemperatur 25–30 °C, Weiterkultur nicht unter 22 °C.

Fensterblatt; *Monstera deliciosa*
In den Gartenbaubetrieben wird meist durch Aussaat mit importierten Samen

vermehrt. Beim Einkauf ist darauf zu achten, dass die Samen frisch sind, da sie nach der Samenreife rasch ihre Keimfähigkeit verlieren und dann nur in geringer Zahl auflaufen. Einzelne Pflanzen werden durch Kopf- oder Stammstecklinge vermehrt. Vermehrungstemperatur 22–25 °C, Weiterkultur nicht unter 18 °C.

Fiederaralie; *Polyscias*

Kopf-, Trieb- oder Stammstecklinge bei 25–30 °C. Weiterkultur nicht unter 18 °C zu empfehlen.

Flamingoblume; *Anthurium*

Der Gärtner vermehrt in der Regel durch Gewebekultur. Für Hobbygärtner empfiehlt sich ein vorsichtiges Teilen älterer Pflanzen im Frühjahr mit Beginn des Wachstums (Foto). Aussaat sofort nach der Ernte oder nach Erhalt des Saatgutes. Vermehrungstemperatur 25 °C, Weiterkultur nicht unter 18 °C zu empfehlen.

Fußblatt, Purpurtüte; *Syngonium*

Kopf- und Stammstecklinge. Vermehrungstemperatur 25–30 °C, Weiterkultur nicht unter 20 °C.

Kap-Gardenie; *Gardenia augusta*

Über Kopf- und noch nicht stark verholzte Augenstecklinge. Günstige Vermehrungstermine sind der Spätsommer und das zeitige Frühjahr. Vermehrungstemperatur 22–25 °C, Weiterkultur nicht unter 18 °C.

Gleichsaum, Kohlerie; *Kohleria amabilis*

Durch Teilung der Wurzelstücke bzw. Rhizome im Frühjahr. Während der Wachstumszeit im Sommer ist auch eine Vermehrung durch Kopfstecklinge möglich. Vermehrungstemperatur 20–22 °C, Weiterkultur nicht unter 18 °C.

Gloxinie; *Gloxinia sylvatica*

Kopfstecklinge oder Aussaat. Vermehrungstemperatur 20–22 °C, Weiterkultur bei 20 °C.

Goethea; *Goethea strictiflora*

Kopf- oder Teilstecklinge im Frühjahr, die mehrmals gestutzt werden sollten. Vermehrungstemperatur 25–30 °C, Weiterkultur bei 20 °C.

Grünlilie; *Chlorophytum comosum*

Vermehrung am schnellsten durch Jungpflänzchen, die sich zahlreich an den bis zu 1 m langen Ausläufern bilden. Eine Teilung oder Aussaat ist darüber hinaus möglich. *C. bichetii*, die keine Ausläufer ausbildet, vermehrt man durch Teilung.

Gummibaum, Feige; *Ficus*

Eine Vermehrung durch Aussaat ist im Allgemeinen nicht möglich, da frisches, keimfähiges Saatgut nur selten angeboten wird. In der Regel wird durch

Kopfstecklinge (z. B. *F. benjamina*, Foto) vermehrt, einige Arten durch Teilstecklinge oder Augenstecklinge (z. B. Gummibaum). Bei den kleinblättrigen Arten setzt man nach der Bewurzelung mehrere Jungpflanzen in den Endtopf. Vermehrungstemperatur 28–30 °C. Weiterkultur je nach Art nicht unter 15–18 °C, *F. pumila* (Kletter-Feige) auch niedriger.

Heliconie, Falsche Paradiesvogelblume; *Heliconia*

Teilung in den Frühjahrsmonaten oder Aussaat mit importierten Samen. Nur frisches Saatgut ist ausreichend keimfähig. Optimale Vermehrungstemperatur 25–30 °C, Weiterkultur nicht unter 20 °C.

Helmkraut; *Scutellaria costaricana*

Kopf- und Teilstecklinge, mit mindestens zwei Nodien. Vermehrungstemperatur 22–25 °C, Weiterkultur nicht unter 18 °C.

Henne mit Küken, Lebendblatt; *Tolmiea menziesii*

Durch Brutpflänzchen, die sich auf den Blättern ausbilden und zusammen mit etwas Blattspreite abgetrennt werden.

Garten-Hortensie; *Hydrangea macrophylla*

Kopf- oder Augenstecklinge von Februar bis April. Dabei werden die Stecklinge nicht wie üblich unter dem Blattansatz, sondern mit einem 1–2 cm langen Stängelstück geschnitten, da Hortensien am gesamten Stängel Wurzeln bilden. Vermehrungstemperatur 16–18 °C, Weiterkultur bei 20 °C, zur Blütenbildung 15 °C.

Echter Jasmin, Weißer Jasmin; *Jasminum officinale*

Gut ausgereifte Kopf- oder Teilstecklinge von März bis Mai bei 20 °C. Weiterkultur nicht unter 15 °C. Auf die gleiche Weise wird auch die immergrüne Art *J. polyanthum* vermehrt.

Judenbart; *Saxifraga stolonifera*

Durch Tochterpflanzen an den fadenförmige Stolonen. Vermehrungstemperatur 10 °C, bei der Sorte 'Tricolor' nicht unter 15 °C.

Chinesische Jungfernrebe; *Parthenocissus henryana*

Vermehrung wie Klimme.

Garnelen-Justizie; *Justicia brandegeana*

Kopf- oder Teilstecklinge, bevorzugt von Januar bis März. Vermehrungstemperatur 20–22 °C, Weiterkultur nicht unter 15 °C.

Kaffeestrauch; *Coffea arabica*

Aussaat (im Foto Sämlinge, 14 Wochen nach der Aussaat), allerdings ist die Beschaffung von keimfähigem Saatgut nicht immer ganz einfach. Die Samen müssen frisch sein, da sie nur wenige Wochen keimfähig sind. Eine Vermeh-

rung durch Stecklinge ist von Juni bis Juli möglich. Vermehrungstemperatur 30 °C, Weiterkultur nicht unter 20 °C.

Kalla; *Zantedeschia aethiopica*
Vermehrung durch Aussaat, Teilung oder Abtrennen der Tochterpflanzen. Für die Aussaat ist nur frisches Saatgut geeignet. Die Teilung erfolgt nach Ende der Ruhezeit im Juli. Tochterpflanzen nimmt man am besten zu Beginn der Ruhezeit ab. Vermehrungstemperatur 18–22 °C, Weiterkultur nicht unter 15 °C.

Kapwein, Königswein; *Rhoicissus capensis*
Vermehrung wie Klimme.

Kastanienwein; *Tetrastigma voinierianum*
Augenstecklinge (Nodium mit einem Blatt). Beim Stecken ist darauf zu achten, dass das Auge über der Erde steht, umso besser und schneller sind Wurzelbildung und Austrieb. Vermehrungstemperatur 22–25 °C, Weiterkultur nicht unter 18 °C.

Keulenlilie, Kolbenbaum; *Cordyline terminalis*
In der Regel durch Kopfstecklinge, weniger durch Stammstecklinge oder durch Teilung der Rhizome. Stammstecklinge werden mit drei bis sechs Blattnarben geschnitten. Vermehrungstemperatur 25–30 °C, Weiterkultur nicht unter 18 °C.

Klimme, Zimmerrebe; *Cissus*
Kopf- oder Teilstecklinge mit zwei Nodien. Man setzt später oder schon in der Vermehrung zwei Pflanzen zusammen. Optimale Vermehrungstemperatur 20–22 °C, Weiterkultur nicht unter 16 °C.

Klumpstamm; *Beaucarnea*
Aussaat importierter Samen. Ältere Pflanzen bilden Seiten- bzw. Bodentriebe aus, die man abschneiden und zur Vermehrung nutzen kann. Vermehrungstemperatur 22–24 °C, Weiterkultur bei 18 °C.

Kolbenfaden; *Aglaonema*
Kopf- und Stammstecklinge, Teilung und Aussaat. Bewurzelung und Keimung nur bei hohen Bodentemperaturen von 25–30 °C, Weiterkultur nicht unter 20 °C.

Kolumnee, Rachenrebe; *Columnea*
Kopf- oder Teilstecklinge mit zwei bis vier Nodien. Man pflanzt später sechs bis zehn Jungpflanzen in den Endtopf. Vermehrungstemperatur 22–25 °C, Weiterkultur nicht unter 18 °C.

Korallenstrauch, Jerusalemkirsche; *Solanum pseudocapsicum*
Aussaat, dabei kann man auch auf selbst geerntete Samen zurückgreifen. Auch Stecklinge wurzeln willig. Vermehrungstemperatur 22–25 °C, Weiterkultur nicht unter 18 °C.

Korbmaranthe; *Calathea*
Durch Teilung oder Stecken von Blattschöpfen, die sich an Stielenden bilden. Jedes Teilstück sollte mindestens zwei Blätter besitzen. Vermehrungstemperatur 22–25 °C, Weiterkultur bei 20 °C.

Madagaskar-Kranzschlinge; *Stephanotis floribunda*
Beblätterte Teilstecklinge mit einem Blattansatz (sogenannte Knoten- bzw. Augenstecklinge). Vermehrungstemperatur 25–30 °C, Weiterkultur nicht unter 18 °C.

Kroton, Wunderstrauch; *Codiaeum variegatum*
Kopf- oder Teilstecklinge, die ganzjährig, bevorzugt aber im Frühjahr geschnitten werden. Zur Bewurzelung sind hohe Bodentemperaturen von 25–30 °C erforderlich. Weiterkultur nicht unter 20 °C. Eine Vermehrung durch Samen, die auch bei uns angesetzt werden, ist möglich.

Kletternder Losstrauch; *Clerodendrum thomsioniae*
Kopf- oder Teilstecklinge, Letztere mit einem Nodium (Blattpaar). Vermehrungstemperatur 24 °C, Weiterkultur nicht unter 18 °C.

Marante, Pfeilwurz; *Maranta*
Vermehrung wie Korbmaranthe.

Medinille; *Medinilla magnifica*
Kopfstecklinge im Januar/Februar, wenn sich zwischen den Blattpaaren die neuen Triebe beginnen hindurchzuschieben. Zur Bewurzelung sind hohe Bodentemperaturen von 25–30 °C erforderlich, Weiterkultur nicht unter 20 °C.

Braut-Myrte; *Myrtus communis*
Kopfstecklinge, die ab Mai den ganzen Sommer hindurch geschnitten werden können (im Foto ein 30 Tage alter Steckling). Eine Aussaat gelingt leicht, ist jedoch nicht üblich, obwohl auch in Kultur reichlich Samen gebildet werden. Optimale Vermehrungstemperatur 20–25 °C, Weiterkultur nicht unter 15 °C.

Pantoffelblume; *Calceolaria*-Hybriden
Vermehrung durch Aussaat von Juni bis September bei 18 °C.

Passionsblume, Eierfrucht, Grenadille; *Passiflora*
Rankenstücke (Teilstecklinge) mit zwei bis drei Nodien, die man bevorzugt von kräftigen Seitentrieben schneidet. Die Arten können auch durch Aussaat vermehrt werden. Allerdings wird nur von wenigen Arten regelmäßig Saatgut angeboten, u. a. von *P. caerulea* (Blaue Passionsblume). Vermehrungstemperatur 25 °C, die Weiterkultur sollte nicht unter 18 °C erfolgen.

Pavonie; *Pavonia multiflora*
Kopf- oder Teilstecklinge mit zwei Nodien. Es empfiehlt sich, drei Jungpflanzen zusammen in einem Endtopf zu pflanzen. Optimale Vermehrungstemperatur 22–25 °C, Weiterkultur nicht unter 18 °C.

Edel-Pelargonie; *Pelargonium grandiflorum*
Kopfstecklinge mit drei bis fünf Blattansätzen. Bei 20 °C wurzeln die Stecklinge je nach Jahreszeit innerhalb von 10 bis 30 Tagen.

Peperomia, Zwergpfeffer; *Peperomia*
In der Regel Kopf-, Teil- oder Blattstecklinge, auch Aussaat und Teilung ist möglich. Vermehrungstemperatur 25 °C, die Weiterkultur sollte nicht unter 18 °C erfolgen.

Pfeffer; *Piper ornatum*
Teilstecklinge mit ein bis zwei Blattansätzen. *P. nigrum*, den Lieferanten des echten Pfeffers, vermehrt man durch Aussaat. Vermehrungstemperatur 25–30 °C, die Weiterkultur erfolgt bei 20 °C.

Spanischer Pfeffer, Zier-Paprika; *Capsicum annuum*
Aussaat, bevorzugt im Frühjahr, Keimtemperatur 20 °C. Auch Kopfstecklinge wurzeln leicht. Weiterkultur nicht unter 15 °C.

Philodendron; *Philodendron*
Kopf-, Teil- und Stammstecklinge oder auch durch Aussaat (z. B. Baum-Philodendron). Kopfstecklinge mit Luftwurzeln werden direkt in den Endtopf gesteckt. Als Stammstecklinge verwendet man Stammstücke mit einer Länge von 5–10 cm und ein bis zwei Augen. Bei allen dünntriebigen Arten, wie z. B. *P. hederaceum*, schneidet man Teilstecklinge mit zwei Nodien und steckt immer drei bis zehn Stück in den Vermehrungstopf, der auch der Endtopf sein kann. Optimale Vermehrungstemperatur 25–30 °C, Weiterkultur nicht unter 20 °C.

Porzellanblume, Wachsblume; *Hoya*
Teilstecklinge mit einem oder zwei Blattknoten. Vermehrungstemperatur 20–25 °C, Weiterkultur nicht unter 18 °C zu empfehlen.

Becher-Primel; *Primula obconica*
Aussaat ganzjährig. Keimung am schnellsten bei 18–20 °C, unter 12 °C und über 20 °C geht die Keimfähigkeit drastisch zurück. Weiterkultur bei 20 °C, im Winter bei 12–15 °C.

Braut-Primel, Flieder-Primel; *Primula malacoides*
Aussaat, üblicherweise im Sommer. Keimtemperatur 18–20 °C, zur Weiterkultur bzw. Blütenbildung sind später Temperaturen um 10 °C optimal.

Purpurglockenwein; *Rhodochition atrosanguineus*
Aussaat in der Regel im zeitigen Frühjahr oder auch schon im Herbst bei 15–20 °C. Den ganzen Sommer über kann auch leicht durch Stecklinge vermehrt werden.

Rauschopf; *Dasylirion*
Aussaat. Dabei ist man auf importiertes Saatgut angewiesen, das sofort nach Erhalt ausgesät werden muss. Vermehrungstemperatur 25 °C, die Weiterkultur sollte nicht unter 18 °C erfolgen.

Ritterstern, Amaryllis der Gärtner; *Hippeastrum*
Aussaat, Brutzwiebeln (nach der Blüte) und Zwiebelschalenstecklinge. Durch Schnitte durch den Boden der Mutterzwiebel kann die Zahl der Brutzwiebeln erhöht werden. Optimale Vermehrungstemperatur 22–25 °C, Weiterkultur nicht unter 18 °C.

Chinesischer Roseneibisch; *Hibiscus rosa-sinensis*
Kopf- oder Teilstecklinge, die an der Basis gut ausgereift sein sollten. Als Teilstecklinge verwendet man Triebteile mit zwei bis drei Nodien. Vermehrungstemperatur 22–24 °C, Weiterkultur nicht unter 18 °C. Die besten Zeiträume zum Stecken sind die Frühjahrs- und Sommermonate.

Ruhmeskrone; *Gloriosa superba*
Aussaat (bis zur Blühreife dauert es zwei Jahre) oder durch Abtrennen (Teilung) der Nebenknollen im Frühjahr. Man legt je nach Knollengröße zwei bis drei in den Endtopf. Vermehrungstemperatur 20–24 °C, Weiterkultur nicht unter 18 °C.

Schiefteller; *Achimenes*-Sorten
Teilung der Rhizome in der Ruhezeit oder Kopf- oder Blattstecklinge von März bis Juni. Später sollten Sie fünf bis acht Jungpflanzen in einen 12-cm-Endtopf setzen. Aussaat möglich. Vermehrungstemperatur mindestens 20 °C, Weiterkultur nicht unter 18 °C zu empfehlen.

Schusterpalme; *Aspidistra elatior*
Vermehrt wird die Schusterpalme durch Teilung, am besten im Frühjahr. Die einzelnen Teilstücke sollten mindestens zwei bis drei Blätter haben. Eine Aussaat ist auch möglich.

Sinnpflanze; *Mimosa pudica*
Aussaat, auch in Kultur bilden sich reichlich Samen. Die harte Samenschale ist vor dem Aussäen aufzurauen, um ein gutes Keimergebnis zu erzielen. Optimale Vermehrungstemperatur 20–25 °C, Weiterkultur nicht unter 18 °C.

Spaltglocke; *Scaevola saligna*
Kopfstecklinge im Herbst oder von überwinterten Mutterpflanzen von Januar bis März. Vermehrungstemperatur 20 °C, zur Weiterkultur reichen 15–18 °C. Für größere Ampeln setzt man drei bis fünf Pflanzen zusammen in den Endtopf.

Zier-Spargel; *Asparagus*
Teilung bei kleineren Pflanzenmengen am einfachsten, größere Mengen durch Aussaat. Aussaat bei 24 °C, Weiterkultur bei 18 °C.

Chinesischer Sternjasmin; *Trachelospermum jasminoides*
Vermehrung wie Madagaskar-Kranzschlinge.

Kleine Strahlenaralie; *Schefflera arboricola*
Kopf- oder Teilstecklinge. Der Gärtner vermehrt in der Regel generativ durch importierten Samen. Keimtemperatur 22–25 °C, Weiterkultur nicht unter 18 °C zu empfehlen.

Neukaledonische Strahlenaralie; *Schefflera elegantissima*
Aussaat (nur frisches Saatgut ist ausreichend keimfähig) oder durch Kopf- und Teilstecklinge. Vermehrungstemperatur 25–30 °C, Weiterkultur nicht unter 18 °C.

Queensland-Strahlenaralie; *Schefflera actinophylla*
Kopf-, Teil- und Stammstecklinge. Der Gärtner vermehrt heute in der Regel durch Aussaat importierten Saatguts, das frisch sein muss, um ausreichend zu keimen. Optimale Vermehrungstemperatur 22–25 °C, Weiterkultur bei 20 °C.

Bengalische Thunbergie; *Thunbergia grandiflora*
Teilstecklinge, später setzt man drei bis fünf Pflanzen in den Endtopf. Vermehrungstemperatur 20–25 °C, Weiterkultur bei 20 °C.

Usambaraveilchen; *Saintpaulia ionantha*
Üblicherweise durch Blattstecklinge (Foto), außerdem auch Teilung größerer Pflanzen oder Aussaat. Saatgut wird im Samenhandel angeboten. Vermehrungstemperatur 25 °C, Weiterkultur nicht unter 20 °C.

Veltheimie; *Veltheimia capensis*
Brutzwiebeln während der Ruhezeit im Mai/Juni. Durch Anschneiden des Zwiebelbodens wird die Bildung von Brutzwiebeln gefördert.

Weihnachtsstern, Poinsettie; *Euphorbia pulcherrima*
Kopfstecklinge von Juni bis September. Der Steckling sollte eine Länge von 8–10 cm aufweisen. Der Austritt des Milchsaftes wird in lauwarmem Wasser zum Stillstand gebracht. Um mehrtriebige Pflanzen zu erhalten, muss man stutzen, je nach gewünschter Triebzahl auf vier bis sieben Blätter. Der letzte Stutztermin, um zu Weihnachten fertige Pflanzen zu erhalten, ist der 10. September. Vermehrungstemperatur 22–25 °C, Weiterkultur nicht unter 18 °C.

Zimmeraralie; *Fatsia japonica*
Aussaat importierter Samen oder durch Kopfstecklinge. Die Sorte 'Variegata' lässt sich nur durch Stecklinge vermehren. Vermehrungstemperatur

20 °C, Weiterkultur zunächst nicht unter 15 °C.

Zimmerlinde; *Sparmannia africana*
Kopfstecklinge, die man von Seitentrieben der Blütentriebe schneidet. Vermehrungstemperatur 20–22 °C, Weiterkultur nicht unter 15 °C.

Zimmertanne; *Araucaria heterophylla*
Aussaat, dabei ist man auf importierten Samen angewiesen. Da das Saatgut seine Keimfähigkeit schnell verliert, müssen Sie sofort nach Erhalt der Samen aussäen. Eine Vermehrung durch Stecklinge ist möglich, wobei nur die Triebspitzen die typische Wuchsform beibehalten. Wurzelbildung nur bei hohen Bodentemperaturen von 25–30 °C. Zu groß gewordene Pflanzen werden besser durch Abmoosen vermehrt. Weiterkultur bei 16 °C, im Winter möglichst unter 10 °C.

Zypergras; *Cyperus*
Teilung, Aussaat und Stecklinge. Bei *C. involucratus* ist die Vermehrung durch Blattschöpfe am geläufigsten. Vermehrungstemperatur 20 °C, Weiterkultur nicht unter 15 °C.

Zimmerfarne

Die meisten Farne lassen sich auf vegetativem Wege einfach vermehren. Je nach Art werden hierzu unterschiedliche Teile des Farns benutzt. Eine Übersicht gibt die Tabelle auf Seite 130. Bei manchen genügt ein Wedelabschnitt, andere werfen sogenannte Brutknospen ab, aus denen neue Pflanzen entstehen. Man vermehrt die meisten Farne jedoch entweder durch Kronenteilung, das sind die verdickten, senkrechten Wurzelstöcke, die sich über dem Boden befinden, durch Teilung der Rhizome, also der verdickten, waagerechten Wurzelstücke, die dicht unter oder auf der Oberfläche des Bodens verlaufen, oder durch Ausläufer.

Die Vermehrung durch Sporenaussaat wird hier nicht beschrieben, da sie den Umfang dieses Taschenbuches sprengen würde.

Kronenteilung
Die Teilung von Farnen mit senkrechten Wurzelstöcken ist schwierig. Dennoch ist eine Teilung möglich, falls mindestens zwei Kronen vorhanden sind oder die ursprüngliche Krone Nebentriebe entwickelt hat. Wird eine einzelne Krone geteilt, läuft man Gefahr, sowohl den einen als auch den anderen Abschnitt zu verlieren. Drücken Sie den Wurzelballen vorsichtig mit den Händen auseinander, nachdem Sie die Erde zuvor etwas herausgeschüttelt haben. Bereitet dies Schwierigkeiten, schneidet man mit einem Messer den Ballen durch. Achten Sie in jedem Fall darauf, dass die Sprossspitzen beider Teile nicht verletzt werden, da von ihnen das gesamte neue Wachstum ausgeht.

Die einzelnen Teilstücke werden in Töpfe gepflanzt und vor Verdunstung geschützt in ein Vermehrungsbeet oder unter Folie mit genügend Raum für einen ausreichenden Gasaustausch aufgestellt, bis sie fest eingewurzelt sind.

Rhizomteilung
Farne mit kriechenden Rhizomen lassen sich am einfachsten vermehren, indem

man sie über die Ränder ihrer Töpfe in andere, direkt danebenstehende Töpfe hineinwachsen lässt. Ein Abdecken mit Torfmoos erleichtert die Wurzelbildung. Ist das Rhizom im neuen Topf fest verwurzelt, trennt man den jungen Wurzelstock mit einem scharfen Messer von der Mutterpflanze ab.

Sie können die Rhizome aber auch von der Mutterpflanze abnehmen, in Teilstücke zertrennen und in Töpfe setzen oder aufpflanzen. Jedes Teilstück sollte dabei einige Wedel aufweisen. Befestigen Sie die abgetrennten Stücke mit einer Drahtklammer auf dem Substrat und stellen Sie die Gefäße bis zur Bewurzelung vor Feuchtigkeitsverlusten geschützt auf.

Ausläufer

Bei den ausläuferbildenden Farnen, wie beim Schwertfarn, trennt man die jungen Pflänzchen ab, pikiert sie oder setzt sie in kleine Töpfe. Man kann die Ausläufer jedoch auch in andere, unmittelbar danebenstehende Töpfe hineinwachsen lassen und erst nach dem Einwurzeln abtrennen.

Brutpflanzen

Einige Farne bringen auf vollentwickelten Wedeln Brutpflanzen hervor, die man abnimmt und zunächst pikiert. Zum Teil sind es nur Brutknospen, die sich erst nach Loslösung von der Mutterpflanze zu einer selbständigen Pflanze entwickeln.

In der Regel benötigt man zur Teilung der Farne, hier Östlicher Rippenfarn, ein scharfes Messer, um die Teilstücke voneinander zu trennen.

Vermehrungsmethoden einzelner Zimmerfarn-Arten			
Name	Rhizomteilung	Ausläufer	Brutpflanzen
Frauenhaarfarn; *Adiantum*	×		
Gewöhnlicher Geweihfarn; *Platycerium bifurcatum*		×	
Hasenpfotenfarn; *Davallia*	×	×	
Klippenfarn; *Pellaea*	×		
Mondsichelfarn; *Polystichum falcatum*	×		
Moosfarn, Mooskraut; *Selaginella*	×		
Rippenfarn; *Blechnum*	×		
Saumfarn; *Pteris*	×		
Schwertfarn; *Nephrolepis*		×	×
Streifenfarn; *Asplenium*	(nur Sporenaussaat möglich)		

Kakteen und Sukkulenten

Kakteen und andere Sukkulenten lassen sich je nach Gattung und Art durch Samen, Stecklinge, Pfropfen und Teilung (Ableger) vermehren. Wobei Kakteen in erster Linie durch Aussaat vermehrt werden. Von sprossenden Arten, wie Warzenkakteen, erhalten Sie Nachwuchs auch durch Ableger, bei Säulenkakteen dagegen durch Stecklinge (siehe Foto Seite 132).

Aussaat

Die Aussaat ist ganz ähnlich und unterscheidet sich nur in wenigen Punkten von der Aussaat anderer Zimmerpflanzen (siehe Seite 110).

Welche Substrate für die Aussaat geeignet sind, können Sie auf Seite 11 nachlesen. Da in der Regel nur kleine Portionen ausgesät werden, empfiehlt es sich, kleinere Blumentöpfe (Vierecktöpfe aus Kunststoff) als Saatgefäße zu verwenden.

Die Technik der Aussaat ist die gleiche wie es bei den Zimmerpflanzen beschrieben wird. Der Samen wird nur in Ausnahmefällen (bei sehr großen Samen) zusätzlich mit Substrat abgedeckt, in der Regel aber nur leicht angedrückt. Nach der Aussaat werden die Gefäße nicht von oben angegossen, sondern in flache, mit Wasser gefüllte Schalen gestellt.

Auch Samen von Kakteen und anderen Sukkulenten benötigen bis zur Keimung eine verhältnismäßig hohe Luftfeuchtigkeit und dürfen während des Keimens nicht austrocknen. Daher empfiehlt es sich auch hier entsprechende Zimmergewächshäuser (siehe Seite 28) zu verwenden. Zumindest sollten die Gefäße mit einer Glasplatte abgedeckt werden. Als geeignete Keimtemperaturen haben sich für die

Die meisten Kakteen werden durch Aussaat vermehrt.

Mehrzahl der Arten Temperaturen um 25 °C erwiesen. Eine nächtliche Abkühlung auf 18 °C fördert die Keimung und ist zur Erzielung gesunder Sämlinge günstig. Die Aussaatgefäße sollten bis zum Keimen einen hellen Platz bekommen. Allerdings müssen die Aussaaten bis zur Keimung und noch einige Wochen darüber hinaus vor direkter Sonnenbestrahlung geschützt werden. Der Hobbygärtner, der auf natürliches Licht angewiesen ist, sollte mit der Aussaat bis März warten. Sollten Sie über eine Zusatzbelichtung verfügen, können Sie schon im Januar mit dem Aussäen beginnen.

Wenn bei Kakteen die ersten Dornen erscheinen bzw. bei den anderen Sukkulenten die Keimblätter voll ausgebildet sind, werden die Zimmergewächshäuser geöffnet bzw. wird die Glasplatte über den Gefäßen zunächst nur etwas angehoben und dann beim weiteren Erstarken der Sämlinge schließlich ganz entfernt.

Sämlinge pikieren

Während einige Arten schon bald nach der Keimung pikiert werden müssen, dauert es bei anderen bis zu einem Jahr. Grundsätzlich sollte auf jeden Fall dann pikiert werden, wenn das

Wachstum der Sämlinge trotz guter Pflege offensichtlich stagniert.

Ein vorzeitiges Pikieren kann auch notwendig werden, wenn sich Moose und Algen breitmachen und die Sämlinge zu ersticken drohen. Pikieren Sie jedoch nicht im Herbst, da die Sämlinge dann nicht mehr gut anwachsen und geschwächt in den Winter hineingehen. Hier ist es besser, bis zum Frühjahr zu warten.

Pikiert wird relativ eng. Als Anhaltspunkt mag dienen, dass der Abstand zwischen den Sämlingen so groß wie ihr Durchmesser sein sollte. Denn die Erfahrung zeigt, dass die Pflanzen besser wachsen, wenn sie sich fast berühren. Wässern Sie die frisch pikierten Sämlinge erst drei bis fünf Tage nach dem Pikieren, damit eventuelle Wurzelverletzungen ausheilen können.

Die Pikiergefäße werden zunächst an geschützter Stelle aufgestellt und erst nach und nach an das volle Sonnenlicht gewöhnt. Der größte Teil der Sukkulenten, insbesondere die Kakteen, verlangen ein mehrmaliges Pikieren, bevor man sie in Einzeltöpfe pflanzt.

Stecklinge

Die Mehrzahl der Sukkulenten lässt sich ohne große Schwierigkeiten vegetativ vermehren.

Für die Vermehrung durch Stecklinge sind das Frühjahr und der Sommer die günstigsten Jahreszeiten. Der Steckling wird in der Regel mit einem

Bei Stecklingen von Säulenkakteen wird die Schnittfläche konisch zugeschnitten.

scharfen Messer gleich in der endgültigen Länge von der Mutterpflanze getrennt. Stecklinge von Kakteen mit größerem Durchmesser schneidet man unten konisch zu (siehe Abbildung). Dieser Zuschnitt ist sinnvoll, da das Gewebe an der Schnittstelle sonst häufig so stark eintrocknet, dass ein tiefer Hohlraum entsteht und die Bewurzelung schwierig wird.

Stecklinge von Wolfsmilch und anderer, milchsaftführender Arten taucht man nach dem Schneiden in 40 °C warmes Wasser, um den Milchsaft zum Gerinnen zu bringen. Um ein Eindringen von Krankheitserregern zu vermeiden, ist ein Einpudern der Schnittflächen an Mutterpflanze und Steckling mit Holzkohlepulver zu empfehlen.

Vor dem Stecken müssen die Schnittstellen der Stecklinge gründlich abtrocknen. Stecklinge von Kakteen kann man so lange trocken lagern, bis Wurzelansätze sichtbar sind. Lagern Sie sie jedoch senkrecht, da sich längere Stecklinge bei waagerechter Lagerung krümmen und sich dies später nicht mehr ausgleichen lässt. Stellen Sie die Stecklinge in Gefäße, die so eng sind, dass die Schnittfläche nicht den Boden berührt. Sind die Schnittflächen abgetrocknet oder Wurzelansätze sichtbar, werden die Stecklinge gesteckt. Als Gefäße verwendet man möglichst kleine Blumentöpfe. Informationen zu geeigneten Substraten finden Sie auf Seite 11.

Kakteenstecklinge sollten dem Substrat mehr oder weniger nur aufgesetzt und nicht tief hineingesteckt werden. Um ein Umfallen längerer Stecklinge zu vermeiden, befestigt man sie an Stäben, die man tief in das Substrat steckt. Eine Verwendung von Bewurzelungsmitteln ist in der Regel nicht erforderlich und kann darüber hinaus auch nicht für alle Sukkulenten empfohlen werden.

Nach dem Stecken wird das Substrat zunächst nicht angegossen. Sie sollten damit in der Regel bis zur Wurzelbildung warten. Besondere Behälter zur Vermehrung, wie Zimmergewächshäuser, sind zur Bewurzelung nicht erforderlich. Eine hohe Bodentemperatur von etwa 20–25 °C ist jedoch vorteilhaft.

Wenn durch gutes Wachstum zu erkennen ist, dass die Wurzelbildung eingesetzt hat und der Stecklingstopf schließlich durchwurzelt ist, werden die Pflanzen in ihren endgültigen Topf in entsprechendes Substrat umgepflanzt.

Stecklinge von flachtriebigen Kakteen

Bei der Stecklingsvermehrung flachtriebiger Kakteen sind eine andere Schnitttechnik und Behandlung notwendig. Bei Feigenkakteen trennt man ganze Blätter an der Nahtstelle ab. Beim Weihnachts- (*Schlumbergera*) und Osterkaktus (*Rhipsalidopsis gaertneri*) schneidet oder bricht man etwa 5–10 cm lange Sprossglieder an der schmalen Stelle ab. Um schnell zu ansehnlichen Exemplaren zu kommen, empfiehlt es sich, gleich mehrere Stecklinge in den Endtopf zu stecken. Bei Schusterkakteen (*Epiphyllum*) schneidet man nicht an der schmalsten Stelle, sondern etwa 0,5 cm unter zwei gegenüberliegenden dornen- oder borstentragenden Haarkissen, den sogenannten Areolen. Am unteren Ende wird der Steckling dann keilförmig zugeschnitten. Da diese Kakteen relativ lange Triebe ausbilden, können aus einem Trieb mehrere Stecklinge geschnitten werden. Allerdings ist beim Stecken der Triebstücke wie bei den Teilstecklingen auf die Polarität zu achten (siehe Seite 28).

Stecklinge flachtriebiger Kakteen lässt man nur einen Tag trocken liegen, bevor gesteckt wird.

Blattstecklinge

Zahlreiche Blattsukkulenten lassen sich auch durch Blattstecklinge vermehren. Verwenden Sie stets ausgereifte, gesunde Blätter, die vorsichtig an der Basis abgebrochen und in der Regel nicht nachgeschnitten werden. Da Blattstecklinge von Sukkulenten wegen der wasserreichen Gewebe stark fäulnisgefährdet sind, lässt man sie vor dem Stecken gut abtrocknen. Beim Stecken ist darauf zu achten, dass die Blattoberseite nach oben weist.

Kakteen und Sukkulenten von A–Z

Aasblume; Stapelia

Stecklinge und Aussaat.

Aeonium; *Aeonium*

Rosetten- und Blattstecklinge. Das zweijährige *A. tabuliforme* kann nur ausgesät werden. Optimale Vermehrungstemperatur 22 °C, Weiterkultur nicht unter 15 °C.

Durch Blattstecklinge lassen sich viele Sukkulenten vermehren, von links nach rechts: Dickstamm, Flammendes Käthchen, Gasterie.

Aloe, Bitterschopf; *Aloe*
Abtrennen der Ausläufer (Kindel), Aussaat und durch Kopfstecklinge. Blattstecklinge sind möglich.

Binsenkaktus, Korallenkaktus, Rutenkaktus; *Rhipsalis*
Aussaat oder Stecklinge. Pflanzen aus Aussaatvermehrung haben in der Regel einen schöneren Wuchs, während die Vermehrung durch Stecklinge problemloser und vor allem schneller ist. Bei den gegliederten Arten lässt sich jedes Glied verwenden.

Cotyledon, *Cotyledon*
Kopf- oder Blattstecklinge. Die Blätter sind von der Mutterpflanze abzureißen und ohne Nachschnitt zu stecken. Man kann auch aussäen.

Dickblatt; *Crassula*
Kopf- und Blattstecklinge oder auch durch Aussaat.

Dickfuß, Madagaskarpalme; *Pachypodium lamerei*
Aussaat. Darüber hinaus kann man auch bewurzelte Bodentriebe abtrennen und weiterkultivieren. Bei der Aussaat ist man auf eingeführten Samen angewiesen.

Dickstamm; *Pachyphytum*
Spross- und Blattstecklinge oder Aussaat (langwierig).

Echeverie; *Echeveria*
Durch Tochterrosetten mit Wurzelansatz (z. B. bei *E. derenbergii* und *E. setosa*), durch Sprossstecklinge (z. B. bei *E. leucotricha* und *E. gibbiflora*) oder auch durch Blattstecklinge. Blattstecklinge sind vorsichtig vom Spross abzureißen, flach zu stecken oder dem Vermehrungssubstrat nur aufzulegen. Aussaat nur bei den reinen Arten.

Kolibri-Felsenrose; *Graptopetalum bellum*
Aussaat oder durch Blattstecklinge, die von der Mutterpflanze gerissen und direkt gesteckt werden.

Fetthenne, Mauerpfeffer; *Sedum*
Einfach durch Blatt- und Kopfstecklinge. Aussaat ist möglich.

Flammendes Käthchen; *Kalanchoe blossfeldiana*
Aussaat, Kopf- oder Blattstecklinge. Kopfstecklinge sollten zwei bis drei Nodien (Blattpaare) aufweisen. Blattstecklinge werden vom Stiel gerissen und gesteckt, ohne sie nachzuschneiden. Im Handel sind auch einige Samensorten erhältlich.

Gasterie; *Gasteria*
Durch Kindel, die zahlreich gebildet werden. Größere Stückzahlen vermehrt man durch Blattstecklinge. Dazu verwendet man ganze Blätter, deren Schnittflächen vor dem Stecken kurz abtrocknen müssen. Die Aussaat ist langwierig.

Greiskraut (sukkulente Arten); *Senecio*
Kopf-, Teil- oder Blattstecklinge. Bei Arten mit „Perlenblättern", z. B. die beliebte Ampelpflanze *S. herreanus*, schneidet man je nach Endtopfgröße acht bis zwölf lange Triebstecklinge, die man dem Substrat auflegt und mit Drahtklammern festheftet.

Guatemalarharbarber; *Jatropha podagrica*
Aussaat, wenn man bei der Bestäubung mit einem Pinsel nachhilft, werden auch bei uns Samen angesetzt. In der Regel muss das Saatgut aber eingeführt und gleich nach dem Erhalt ausgesät werden, da nur frisches Saatgut ausreichend keimfähig ist.

Haworthie; *Haworthia*
Vermehrung durch Kindel, Blattstecklinge und Aussaat.

Lebender Stein; *Lithops*
Die Lebenden Steine wachsen in Klumpen mit umgekehrt-kegelförmigen, zu Körpern verwachsenen Blattpaaren. Man kann diese Klumpen während des Wachstums in einzelne Körper teilen, doch muss sehr vorsichtig vorgegangen werden. Kleinste Verletzungen am Körper haben in der Regel den Verlust der gesamten Pflanze zur Folge. Einfacher und besser ist die Vermehrung durch Aussaat.

Leuchterblume; *Ceropegia linearis*
Kopf- oder Teilstecklinge, von denen man bis zu zehn Stück in den 7-cm-Vermehrungstopf steckt. Man kann auch durch die kleinen Knöllchen vermehren, die in den Blattachseln der zarten Triebe ausgebildet werden.

Osterkaktus; *Rhipsalidopsis gaertneri, R.* × *graeseri*
Sortenecht (im Handel ausschließlich Kulturformen) durch Stecken von ausgereiften Sprossgliedern. Aussaat vor allem im Rahmen der Züchtung.

Palmlilie; *Yucca*
Vermehrung wie Drachenbaum, siehe Seite 119.

Schusterkaktus, Blattkaktus; *Epiphyllum*
Von diesen sogenannten Phyllokakteen sind ausschließlich Sorten im Handel, die man echt nur durch Stecklinge vermehren kann. Wer gerne experimentiert, kann auch aussäen.

Speckbaum, Strauchportulak; *Portulacaria afra*
Leicht durch Stecklinge vermehrbar.

Weihnachtskaktus, Gliederkaktus; *Schlumbergera*
Sortenecht (im Handel ausschließlich Kulturformen) durch ausgereifte End-

Chinesische Hanfpalme, 15 Wochen nach der Aussaat.

glieder. Man kann auch mehrgliedrige Stecklinge verwenden, sie entwickeln sich schneller zu größeren Pflanzen.

Wolfsmilch; *Euphorbia*

Die sukkulenten Arten lassen sich bis auf wenige Ausnahmen leicht durch Stecklinge vermehren. *E. caput-medusae*, die kugelige *E. obesa* (Lebender Baseball) und einige andere Arten mit verdickten Hauptsprossen können allerdings nur durch Samen vermehrt werden. Aussaat ist langwierig.

Wüstenrose; *Adenium obesum*

Um die arttypische verdickte Stammbasis der Wüstenrose zu erhalten, muss durch Aussaat vermehrt werden. Vermehrung durch Stecklinge aus „Seitenästen“ ist möglich, doch behalten diese ihre ursprüngliche dünne „Stammbasis“ bei.

Palmen

Palmen vermehrt man vor allem durch Aussaat. Buschig wachsende Palmen lassen sich jedoch in geringem Maße durch Teilung oder Abtrennung von Trieben vermehren. So z. B. *Chamaerops humilis* (Europäische Zwergpalme) und *Rhapis* (Rutenpalme). Dabei trennt man mit einem scharfen Messer vom Rand des Ballens einen größeren oder kleineren Klumpen mit mehreren Trieben ab und pflanzt ihn in ein entsprechendes Gefäß.

Bei der Aussaat ist es wichtig, kurz nach der Reife gesammelte Samen zu verwenden, da die Samen der meisten Arten nur kurz keimfähig bleiben, besonders dann, wenn sie trocken gelagert wurden. Zur Keimung ist bei den tropischen Arten eine Bodenwärme von 24–30 °C erforderlich, bei Arten aus den Subtropen reichen 20–25 °C. Das Substrat muss ständig gleichmäßig feucht gehalten werden, vor allem während und nach der Keimung. Legen Sie das Saatgut am besten gleich in Töpfe aus und bedecken es in doppelter Samenhöhe mit Erde. Bei buschig wachsenden Arten werden am besten gleich drei bis fünf Samen in einen Topf gelegt, wodurch man schneller zu ansehnlichen Pflanzen kommt. Beim Herausnehmen aus der Samenkiste oder beim Umtopfen darf der Keimling auf keinen Fall vom Samen getrennt werden, da sein Nährgewebe noch länger als Nährdepot dient. Die Keimdauer beträgt je nach Art zwischen zwei Wochen und drei Jahren.

Die Vermehrung der Kokospalme (*Cocos nucifera*) ist nicht ganz einfach, vor allem deshalb, weil nur selten keimreife Nüsse angeboten werden. In der Regel wird man auf die im Fruchthandel erhältlichen Nüsse zurückgreifen müssen. Zur Aussaat entfernt man die noch anhaftenden Bastfasern (Basthülle) und legt die „Nuss" zur Hälfte in feuchten Torf oder Torfmoos. Zur Keimung sind hohe Temperaturen von mindestens 25 °C erforderlich. Nach etwa vier bis sechs Wochen bricht der Keim aus einer der drei Keimporen am Ende der Nuss. Die Samen werden erst dann in Erde bzw. Töpfe eingetopft, wenn die Wurzeln gut zu sehen sind. Dies kann bis zu einem halben Jahr dauern. Weiterkultur nicht unter 18 °C.

Orchideen

Für den Hobbygärtner, der nicht an einer Massenanzucht interessiert ist, aber dennoch die eine oder andere seiner Orchideen vermehren möchte, bietet sich die Vermehrung durch Teilung und Ableger an. Andere vegetative Vermehrungsmethoden, etwa die durch Stecklinge, entfallen bei Orchideen. Die Teilung ist bei den Pflanzen einfach, die zum rosetten- oder polsterförmigen Wuchs neigen. Dazu gehören u. a. *Paphiopedilum* (Venusschuh) und *Phalaenopsis* (Schmetterlingsorchidee). Sie lassen sich leicht beim Umtopfen in mehrere Stücke zerlegen. Beachten Sie dabei, dass eine zu starke Teilung die Pflanzen schwächt und die Blühwilligkeit darunter leidet.

Die sympodialen Gattungen, bei denen die Jahrestriebe hintereinander in einer Reihe an einem waagerecht wachsenden Spross (Rhizom) sitzen, können in Teilstücke mit jeweils einem Trieb (Pseudobulbe) geteilt werden. Selbst ältere unbeblätterte Pseudobulben, sogenannte Rückbulben, mit einem schlafenden Auge am Rhizomstück können noch verwendet werden. Der Mutterpflanze belässt man bei einer Teilung drei bis fünf Pseudobulben einschließlich des Leittriebes. Die Teilstücke werden in nicht zu große Töpfe eingepflanzt. Sie regenerieren sich im Laufe von zwei bis drei Jahren zu blüh-

Diese Schmetterlingsorchidee (*Phalaenopsis*) hat an den abgeblühten Blütenständen zahlreiche Ableger gebildet.

fähigen Pflanzen, falls Reserveaugen vorhanden sind oder waren.

Bei den blattlosen Rückbulben ist folgendes Verfahren erfolgversprechend: Die Pseudobulbe wird gereinigt, die eingetrockneten Schnittflächen am Rhizom bis zu den lebenden Zellschichten zurückgeschnitten. Setzen Sie die so behandelte Pseudobulbe in ein etwa 2 cm hoch mit Wasser gefülltes Glas und stellen Sie dieses bis zum Austrieb des Sprosses und der Wurzel an einen rund 24 °C warmen, hellen, nicht sonnigen Ort auf. Die Pflege beschränkt sich alle zwei bis drei Wochen auf die Erneuerung des Wassers. Hat der Spross ein oder zwei neue Blätter und Wurzeln ausgebildet, können Sie eintopfen.

Monopodial wachsende Orchideen, die normalerweise nur einen Trieb entwickeln, lassen sich vegetativ nur schwierig vermehren; erst ältere Pflanzen eignen sich überhaupt dazu. Wenn diese in etwa 20 cm Höhe über der Topfoberfläche genügend Luftwurzeln gebildet haben, kann man das obere, beblätterte Stück durch einen glatten Schnitt abtrennen und neu einpflanzen. Der verbliebene untere Teil treibt nach einigen Monaten neu aus. Diese Methode kann z. B. bei *Vanda* und anderen monopodial wachsenden Arten eingesetzt werden.

Manche Arten, z. B. Vertreter der Gattungen *Dendrobium* und *Phalaenopsis*, neigen dazu, an den abgeblühten Blütenständen Ableger auszubilden. Diese nennt man bei den Orchideen Keikis. Andere bilden Ableger in den Spitzenregionen älterer Sprosse durch seitliche Sprossaustriebe. Diese Ableger oder Keikis werden nach Ausbildung mehrerer Wurzeln von der Mutterpflanze abgetrennt. Sie werden nicht eingetopft, sondern auf dem Substrat mit dem Rest des Blütensprosses oder der Basis des Sprosses mit Drahtklammern festgeheftet. Die neu heranwachsenden Wurzeln dringen dann selbständig in das Substrat ein. Dieses muss sehr durchlässig und luftig sein. Verwenden Sie unbedingt fertige Orchideenerde, die Sie in Gärtnereien und im einschlägigen Orchideenhandel erhalten können.

Zahlreiche Orchideengattungen und -arten lassen sich entweder auch oder ausschließlich durch Gewebekultur oder Aussaat vermehren. Beide Methoden bleiben jedoch weitestgehend Spezialgärtnereien oder Laboren vorbehalten, so dass diese Methoden bzw. Arten und Gattungen hier nicht weiter erwähnt werden.

Bromelien

Bromelien kann man sowohl durch Aussaat als auch vegetativ vermehren. Bei der vegetativen Vermehrung benutzt man Seitensprosse, die an meist sehr kurzen Ausläufern sitzen. Diese Seitensprosse bezeichnet man bei Bromelien als Kindel. Die Vermehrung durch Kindel hat bei den Bromelien eine besondere Bedeutung, denn viele Exemplar blühen nur einmal, um dann abzusterben.

Aussaat

Die Vermehrung durch Aussaat ist nicht ganz einfach. Zum einen ist der Samen verhältnismäßig klein, zum anderen bleibt die Keimfähigkeit nur kurze Zeit erhalten. Bei normaler Samenlagerung geht die Keimfähigkeit nach drei bis sechs Monaten verloren.

Bromeliensamen sind je nach Gattung unterschiedlich beschaffen, was bei der Aussaat berücksichtigt werden muss. Körnige Samen aus Beerenfrüchten, wie sie *Aechmea* (Lanzenrossette), *Billbergia* (Zimmerhafer), *Cryptanthus* (Versteckblume), *Neoregelia* (Neoregelie), *Nidularium* (Nestbromelie) und andere entwickeln, werden mäßig dicht ausgestreut. Als Substrat dient mit Sand vermischter Torf. Decken Sie die Samen nicht ab, da Bromelien Lichtkeimer sind. Um zumindest in den ersten Tagen der Keimung ein zu starkes Austrocknen zu vermeiden, sollten Sie die Saatgefäße mit Glasscheiben bedecken. Legen Sie kleine Hölzchen unter die Scheiben, damit ein kleiner Zwischenraum entsteht und die verdunstende Feuchtigkeit abziehen kann. Bei Temperaturen von 20–25 °C keimen die Samen der meisten Arten innerhalb einer Woche.

Etwas schwieriger ist die Aussaat der Arten, die Kapselfrüchte mit Samen mit Haarkronen ausbilden. Hierzu gehören Gattungen wie *Guzmania*, *Vriesea* und *Tillandsia*. Als Aussaatsubstrat kann man ein Torf-Sand-Gemisch

Bromelien haftet etwas besonders Exotisches an.

oder auch reinen Torf verwenden. Sehr wichtig ist, dass das Substrat keimfrei ist. Die Samen werden am besten mit einer Pinzette gleichmäßig über die Fläche verteilt. Vermeiden Sie dabei, dass die Haarkronen ein zusammenhängendes Ganzes bilden. Bei zu dichter Saat besteht die Gefahr rascher Veralgung. Auch diese Samen werden nicht zusätzlich mit Substrat bedeckt, die Aussaatgefäße müssen jedoch wieder mit Glasscheiben abgedeckt werden. Bei Temperaturen von 20–25 °C erfolgt die Keimung innerhalb von drei bis vier Wochen.

Kindel

Die Vermehrung durch Kindel kann grundsätzlich ganzjährig durchgeführt werden. Allerdings ist es sinnvoll, die Frühjahrs- und Sommermonate zu nutzen. Bei den meisten Bromelien kann man auch nach der Blüte die Kindel noch längere Zeit an der Mutterpflanze weiterwachsen lassen und so die günstigste Zeit der Vermehrung abwarten.

Zur Vermehrung trennt man die Kindel unmittelbar an der Ansatzstelle mit einem scharfen Messer durch einen ziehenden Schnitt ab. Entfernen Sie vorsichtig abgestorbene Blätter

Billbergia-Arten lassen sich durch Teilung bzw. durch das Abtrennen von Kindeln leicht vermehren. Die Aussaat ist dagegen langwierig.

oder Blattteile und schonen Sie dabei vorhandene Wurzelansätze.

Zum Eintopfen verwendet man ein nährstoffarmes Substrat. Gut geeignet ist eine Mischung aus Einheitserde P und Sand im Verhältnis 1:1. Zum Eintopfen sollten eher kleine Töpfe gewählt werden, da die Kindel zunächst einen eigenen Wurzelballen bilden müssen. In einem zu großen Topf würde das Wurzelwachstum eher gehemmt statt gefördert. Zur Bewurzelung stellt man die Töpfe bei 20–25 °C und hoher Luftfeuchtigkeit vor praller Sonne geschützt auf. Halten Sie die Erde nur mäßig feucht, um die Wurzelbildung zu fördern. Füllen Sie jedoch gleich nach dem Einpflanzen Wasser in die Blatttrichter, das Sie ständig erneuern müssen.

Balkonpflanzen von A–Z

Balkonpflanzen werden, obwohl die meisten Arten mehrjährig sind, am Ende der Saison weggeworfen, um im kommenden Frühjahr durch neue Pflanzen ersetzt zu werden. Eine Überwinterung ist nur dann zu empfehlen und erfolgversprechend, wenn Sie optimale Bedingungen schaffen können.

Balkonpflanzen werden entweder vegetativ, in der Regel durch Stecklinge, oder durch Aussaat vermehrt. Wenn sie Ende April bis Anfang Mai in die Balkonkästen gesetzt werden, haben sie schon eine Vorkultur von mehreren Wochen oder gar Monaten hinter sich. Der Vermehrungszeitraum für Balkonpflanzen ist also die Winterzeit.

Balkonpflanze, Sommerblume oder Kübelpflanze?

Hier gibt es bezüglich der Arten gewisse Überschneidungen. Sollte eine bestimmte Balkonblume hier nicht aufgeführt sein, so ist sie sicherlich über das Register bei den Sommerblumen oder den Kübelpflanzen zu finden.

Bei den Arten, die vegetativ vermehrt werden, benötigt man Mutterpflanzen, die überwintert werden müssen.

Eis-Begonie; *Begonia*

Aussaat erfolgt in der Regel von Februar bis April. Keimtemperatur 20–24 °C, nach dem Pikieren 18 °C.

Viele Balkonpflanzen belohnen die Vermehrungsarbeit schon nach relativ kurzer Zeit durch kräftigen Wuchs und ausdauernde Blüte.

Stehen Mutterpflanzen zur Verfügung, lassen sich Eisbegonien auch leicht durch Stecklinge vermehren.

Knollenbegonie; *Begonia*

Antreiben zugekaufter oder überwinterter Knollen im Frühjahr. Zur Vermehrung kann die Knolle auch zerschnitten werden. Dabei muss jedes Teilstück eine Knospenanlage enthalten. Überwiegend wird heute durch Aussaat vermehrt. Zahlreiche Samensorten werden im Handel angeboten. Vermehrungstemperatur 20–25 °C, Weiterkultur nach dem Pikieren und Eintopfen bei 18 °C.

Blaues Gänseblümchen; *Brachyscome iberidifolia*

Durch Stecklinge von abgeblühten Pflanzen oder von überwinterten Mutterpflanzen von Januar bis März. Man steckt gleich fünf Stück in den Vermehrungstopf und stutzt später mindestens einmal. Vermehrungstemperatur 22 °C, Weiterkultur bei 15 °C. Auch Aussaat ist möglich.

Blutblatt; *Iresine herbstii*

Kopf- oder Teilstecklinge im Sommer. Vermehrungstemperatur 20 °C, Weiterkultur nicht unter 16 °C.

Silber-Brandschopf; *Celosia argentea* var. *argentea*

Vermehrung wie Hahnenkamm.

Eisenkraut, Verbene; *Verbena*

Aussaat in den Frühjahrsmonaten bei 18–20 °C. Bei *V. bonariensis* ist eine zweiwöchige Kühlbehandlung bei 5 °C vorzuschalten. Die Weiterkultur erfolgt dann bei 15 °C. Stecklingsvermehrung im Herbst von abgeblühten Pflanzen möglich.

Fleißiges Lieschen; *Impatiens walleriana*

Das Fleißige Lieschen wird heute in der Regel durch Aussaat von Februar bis Mai vermehrt. Der Samenhandel bietet eine Vielzahl von Sorten an. Optimale Aussaattemperatur 20–25 °C, Weiterkultur bei 16 °C. Soweit Pflanzen vorhanden sind, kann auch durch Stecklinge vermehrt werden, die leicht wurzeln.

Fuchsie; *Fuchsia*

Allen Sorten ist gemein, dass sie durch Sprossstecklinge, in der Regel Kopfstecklinge, vermehrt werden. Um große, gut verzweigte Pflanzen zu erhalten, vermehrt man im September bis Oktober, kleinere Pflanzen von Dezember bis April. Optimale Vermehrungstemperatur 18–22 °C, Weiterkultur bei 12–15 °C, vor dem Auspflanzen langsam abhärten.

Stern-Glockenblume; *Campanula isophylla*

Kopfstecklinge im Frühjahr. Eine Vermehrungstemperatur von 15 °C reicht aus (Foto rechts).

Silber-Greiskraut; *Senecio cineraria*

Aussaat von März bis Mai. Vermehrungstemperatur 16–18 °C, Weiterkultur bei 10 °C.

Hahnenkamm; *Celosia argentea* var. *cristata*

Aussaat. Keimtemperatur 18–20 °C, die Weiterkultur sollte dann bei 16 °C erfolgen.

Harfenstrauch, Mottenkönig; *Plectranthus*

Kopf- und Triebstecklinge. Vermehrungstemperatur 20 °C, Weiterkultur nicht unter 15 °C.

Hornklee; *Lotus berthelotii* und *L. maculatus*

Durch 3–5 cm lange Rankenstücke (Teilstecklinge), bei denen die krautigen (weichen) Spitzen entfernt werden. Vermehrungstemperatur 20 °C, die Weiterkultur sollte nicht unter 15 °C erfolgen.

Impatiens; *Impatiens*-Neuguinea-Hybriden

Nur durch Stecklinge möglich, wenn die typischen Sorteneigenschaften erhalten bleiben sollen. Vermehrung von Februar bis Mai von überwinterten Mutterpflanzen. Vermehrungstemperatur 18–20 °C, Weiterkultur bei 15 °C.

Katzenschwanz; *Acalphya hispaniolae*

Durch Kopfstecklinge, ganzjährig, am besten im Herbst. Optimale Vermehrungstemperatur beträgt 20–22 °C. Später pflanzt man je nach Endtopfgröße fünf bis zehn Pflanzen zusammen. Weiterkultur nicht unter 10 °C.

Leberbalsam; *Ageratum houstonianum*
Durch Aussaat (Januar bis März) oder Kopfstecklinge (im Herbst). Keimtemperatur 18–21 °C, Weiterkultur bei 16–18 °C, zur Abhärtung 12 °C.

Männertreu, Blaue Lobelie; *Lobelia erinus*
Aussaat im Februar bis März. Vermehrungstemperatur 18–20 °C, nach dem Pikieren reichen 10–15 °C. Die mehrjährig wachsende Sorte 'Richardii' lässt sich im Gegensatz zu anderen Sorten nur über Stecklinge vermehren. Vermehrungstemperatur 18–20 °C, Weiterkultur möglichst nicht über 15 °C.

Garten-Nelke, Land-Nelke; *Dianthus caryophyllus*
Hier sind die niedrig oder hängend wachsenden Kulturformen gemeint, die zur Balkon- und Ampelbepflanzung bzw. zur Beetbepflanzung verwendet werden können. Vermehrung durch Aussaat oder Stecklinge. Aussaat ab Februar bei 15–18 °C. Stecklinge schneidet man für die nächstjährige Pflanzung im Spätherbst vor dem Frosteinbruch. Vermehrungstemperatur 12 °C, Weiterkultur bei niedrigen Temperaturen um 10 °C.

Pantoffelblume; *Calceolaria integrifolia*
Während früher die Vermehrung durch Stecklinge im Vordergrund stand, wird heute überwiegend durch Aussaat (Januar bis März) vermehrt. Keimtemperatur 16 °C, Weiterkultur bei 15 °C. Stecklinge werden vor dem ersten Frost im Herbst geschnitten.

Efeublättrige Pelargonie (Geranie); *Pelargonium peltatum*
Vegetativ durch Stecklinge, wenige Sorten (in der Regel handelt es sich dabei um Farbmischungen) auch durch Aussaat. Vermehrungstemperatur 20–22 °C, Weiterkultur bei 15 °C.

Zonal-Pelargonie (Geranie); *Pelargonium zonale*
Durch Stecklinge und Aussaat. Zum Keimen sind Temperaturen von 21–24 °C erforderlich, die unbedingt eingehalten werden müssen, wenn eine hohe Keimrate erzielt werden soll. Vermehrung durch Stecklinge entweder vor Wintereintritt von den abgeblühten Pflanzen oder von hell und kühl überwinterten Mutterpflanzen möglich. Blüten müssen zuvor am Steckling entfernt werden (Foto). Zur Bewurzelung sind 20–22 °C optimal.

Petunien; *Petunia*

Die Zahl der Petuniensorten ist unüberschaubar. Dabei unterscheidet man zwischen Sorten, die lediglich durch Aussaat vermehrt werden, und Sortengruppen wie die 'Surfinia-Hybriden', die echt nur vegetativ durch Stecklinge vermehrt werden können. Dazu gehören auch die kleinblütigen Minipetunien, die unter den Namen 'Calibrachoa-Hybriden' (z. B. 'Million Bells') auf dem Markt sind. Aussaat im Februar bis März bei 18–25 °C. Stecklingsvermehrung im Herbst oder im Frühjahr von überwinterten Mutterpflanzen. Bewurzelungstemperatur sollte 20 °C betragen.

Portulak; *Portulaca umbraticola*

Stecklinge im Spätherbst. Vermehrungstemperatur 18–22 °C, Weiterkultur bei 16 °C.

Schlüsselblume, Frühlingstopf- und Freilandprimeln; *Primula*

Durch Aussaat im März bis April/Mai bei 12–15 °C. Bei höheren Temperaturen sinkt die Keimrate drastisch ab, meiden Sie deshalb zu warme Räume.

Silberblatt; *Leucophyta brownii*

Kopfstecklinge im Herbst oder von überwinterten Mutterpflanzen im Laufe des Winters. Optimale Vermehrungstemperatur 18–20 °C, Weiterkultur bei 8–12 °C.

Sternauge; *Asteriscus maritimus*

Stecklinge im Herbst oder zeitigen Frühjahr, die Wildart auch durch Samen vermehrbar. Optimale Vermehrungstemperatur 18 °C, Weiterkultur nicht über 15 °C.

Sterntaler; *Melampodium paludosum*

Aussaat im Februar bis März bei 20–22 °C. Eine Vermehrung durch Stecklinge ist möglich, doch bauen sich Pflanzen aus Stecklingen im Allgemeinen schlechter auf. Weiterkultur bei 15–18 °C.

Garten-Strohblume; *Helichrysum bracteatum* 'Golden Beauty'

Durch Kopfstecklinge, möglichst ohne Knospen, am besten in den Monaten Januar bis März. Vermehrungstemperatur 20–22 °C, Weiterkultur bei 18 °C.

Zier-Tabak; *Nicotiana × sanderae*

Aussaat. Für eine Pflanzung im Mai von Februar bis März aussäen. Vermehrungstemperatur 18–22 °C, Weiterkultur bei 12 °C.

Wedelia trilobata

Stecklinge von abgeblühten Mutterpflanzen im Herbst. Optimale Vermehrungstemperatur 20–22 °C, Weiterkultur bei 15 °C.

Kriechende Winde; *Convolvulus sabatius*

Kopfstecklinge im Frühjahr oder auch schon im Herbst. Vermehrungstemperatur 18–20 °C, später reichen aber 12–14 °C zur Weiterkultur.

Zigarettenblümchen; *Cuphea ignaea*

Aussaat im zeitigen Frühjahr bei 18–20 °C. Vermehrung durch krautige Stecklinge ebenfalls möglich.

Kübelpflanzen

Kübelpflanzen sind Pflanzen aus wärmeren Klimazonen, die in unseren Breiten den Winter im Freien nicht unbeschadet überstehen würden, den Sommer hindurch aber im Freien stehen können und sich dort besonders gut entwickeln. Für diese Arten, die aus historischer Sicht betrachtet die „echten" Kübelpflanzen sind, stellt die Kultur im Kübel eine Notwendigkeit dar, die es ihnen erlaubt, den Winter an geschützten Orten bei niedrigen Temperaturen zu überwinden.

Die Vermehrungsmethoden sind mit denen der Zimmerpflanzen identisch (siehe Seite 110).

Hundertjährige Agave; *Agave americana*

Soweit es sich um die gelbbunten Formen der Agave handelt, muss vegetativ durch Ausläufer (Kindel) oder Teilung der Rhizome im Frühjahr vermehrt werden. Aussaat ist möglich (gelegentlich wird Samen angeboten), doch bis sich ansehnliche Pflanzen entwickelt haben, vergehen viele Jahre. Optimale Keimtemperatur 22–25 °C.

Akazie, Mimose der Gärtner; *Acacia*

Aussaat (die harte Samenschale muss aufgeraut werden, um das Keimen zu beschleunigen) und Kopfstecklinge, die zu Austriebsbeginn geschnitten werden. Vermehrungstemperatur um 22 °C, Weiterkultur nicht unter 15 °C.

Anisodontea; Anisodontea capensis

Die Sorten und Auslesen kann man echt nur durch Stecklinge vermehren (am besten im Herbst oder im Frühjahr). Vermehrungstemperatur 20 °C, Weiterkultur bei 15 °C.

Avocado; *Persea americana*

Durch Aussaat der in den Avocadofrüchten steckenden Kerne. Die Kerne (Samen) werden mit der Spitze nach oben in einen mit Erde gefüllten Vermehrungstopf gesteckt (siehe Foto) oder so über einem Wasserglas befestigt, dass das Wasser bis an die Unterkante heranreicht. Zur Keimung sind hohe Temperaturen von mindestens 25 °C erforderlich; Weiterkultur nicht unter 18 °C.

Banane; *Musa*

Soweit es sich um Fruchtsorten handelt, lassen sich die Pflanzen nur durch Abtrennen von Wurzelsprösslingen (Teilung) vermehren, denn die Früchte enthalten keine Samen. Die Arten selbst, z. B. *M. basjoo*, *M. textilis* und *M. uranoscopos*, die gerne als Kübelpflanze verwendet werden, lassen sich auch durch Aussaat vermehren. Dabei ist man in der Regel auf importiertes

Saatgut angewiesen. Optimale Vermehrungstemperatur 25 °C, Weiterkultur nicht unter 18 °C.

Bougainvillee; *Bougainvillea*
Die auf dem Markt befindlichen Sorten lassen sich echt nur vegetativ vermehren. Man verwendet schwach verholzte Kopf- oder Teilstecklinge mit zwei bis drei Nodien (Blattansätze). Zur Bewurzelung sind hohe Bodentemperaturen von 25–30 °C erforderlich, Weiterkultur nicht unter 18 °C.

Calamondin; *Citrus*
Im Handel finden sich ausschließlich Kulturformen, die sogar meist samenlos sind und echt nur vegetativ durch Stecklinge vermehrt werden können. Stecklingsvermehrung in den Sommermonaten. Hohe Luft- und Bodentemperaturen um 25–30 °C fördern die Bewurzelung. Weiterkultur bei etwa 15 °C. Soweit die Früchte Samen enthalten, kann auch durch Aussaat vermehrt werden. Doch dauert es mehrere Jahre bis sie zur Blüte kommen und fruchten.

Pohutukawa-Eisenholz; *Metrosideros excelsa*
Kopf- oder Teilstecklinge, bevorzugt von Januar bis Mai. Bewurzelung bei 20–22 °C Bodentemperatur nach etwa fünf bis sieben Wochen. Weiterkultur bei 12–20 °C.

Engelstrompete; *Brugmansia*
Im Handel ausschließlich Sorten, die echt nur vegetativ vermehrt werden können. Dies geschieht durch Kopf- oder Triebstecklinge, die von Frühjahr bis Herbst geschnitten werden können. Vermehrungstemperatur 20 °C, Weiterkultur bei 15–18 °C.

Enzianbaum, Blauer Kartoffelstrauch; *Lycianthes rantonnetii*
Kopfstecklinge bevorzugt von März bis August bei 18–20 °C. Zur Weiterkultur reichen 15–18 °C.

Westlicher Erdbeerbaum; *Arbutus unedo*
Kopf- oder Teilstecklinge im Sommer. Aussaat gleich nach der Samenreife bzw. dem Erhalt der Samen. Vermehrungstemperatur 20–22 °C, Weiterkultur bei 18 °C.

Eukalyptus, Blaugummibaum; *Eucalyptus*
Aussaat üblich, Stecklinge sind möglich, gelingen aber nur selten. Auch Gewebevermehrung ist möglich. Samen verschiedener Eukalyptusarten werden regelmäßig im Samenhandel angeboten. Optimale Vermehrungs-

temperatur 20–25 °C, Weiterkultur nicht unter 18 °C.

Echte Feige; *Ficus carica*
Bei den angebotenen Pflanzen handelt es sich ausschließlich um Kulturformen, die echt nur durch Kopf- und Teilstecklinge oder Steckhölzer vermehrt werden können. Vermehrungstemperatur 20–25 °C. Wer experimentieren will, kann auch aussäen. Manche Sorten enthalten in den Früchten vergleichsweise kleine, keimfähige Samen. Diese werden nur dünn mit Erde abgesiebt.

Granatapfel; *Punica granatum*
Aussaat und Stecklinge. Im Gegensatz zur landläufigen Meinung ist die Aussaat zu bevorzugen, da sich die Pflanzen besser aufbauen und das Aussäen meist erfolgreich ist. Die Früchte sollten vollreif sein, damit die Samen leicht herausgelöst werden können (Foto). Eine vegetative Vermehrung erfolgt im Februar bis März durch unbelaubte, etwa 10 cm lange, verholzte Steckhölzer. Während des Sommers kann man auch durch krautige Stecklinge vermehren. Vermehrungstemperatur 20–25 °C, Weiterkultur zunächst nicht unter 18 °C, später kann die Temperatur dann auf 10 °C absinken.

Roter Hammerstrauch; *Cestrum elegans var. elegans*
Durch Stecklinge, die man praktisch das ganze Jahr hindurch schneiden kann. Vermehrungstemperatur 22 °C, Weiterkultur nicht unter 15 °C.

Heliotrop, Strauchige Sonnenwende; *Heliotropium arborescens*
Die Kulturformen werden überwiegend durch Stecklinge (von kühl überwinterten Mutterpflanzen von Januar bis April oder auch schon im Herbst) vermehrt, es gibt aber auch echt fallendes Saatgut im Handel. Aussaat von Januar bis März. Vermehrungstemperatur 18 °C, später reichen 15 °C.

Jacarandabaum, Palisander; *Jacaranda mimosifolia*
Mittels Aussaat importierter Samen, sofort nach dem Eintreffen der Samen. Eine Vermehrung durch Kopfstecklinge ist nur bei hohen Bodentemperaturen von 25–30 °C erfolgreich. Keimtemperatur 22 °C, Weiterkultur sollte nicht unter 18 °C erfolgen.

Kamelie; *Camellia japonica*
Mittels Kopf-, Trieb- und Knotenstecklingen oder auch durch Blattstecklinge mit einem Ansatz alten Holzes, bevorzugt im August. Sowohl die Wildarten als auch verschiedene einfach blühende Sorten setzen auch bei uns regelmäßig Samen an, die ausgesät werden können. Vermehrungstemperatur 20 °C, Weiterkultur bei 15 °C.

Kap-Bleiwurz; *Plumbago auriculata*
Aussaat (wenig üblich) oder Stecklinge. Üblich ist das Vermehren durch krautige Stecklinge im Frühjahr oder

Herbst. Vermehrungstemperatur 20 °C, Weiterkultur nicht unter 15 °C.

Klebsame; *Pittosporum*
Kopf- und Teilstecklinge im Sommer von gut ausgereiften Trieben. Vermehrungstemperatur 25 °C, Weiterkultur nicht unter 15 °C. Soweit Saatgut beschafft werden kann, können die reinen Arten auch ausgesät werden.

Korallenstrauch; *Erythrina crista-galli*
Aussaat (Samen keimen sehr unregelmäßig) und Stecklinge (im Frühjahr nach dem Austrieb). Vermehrungstemperatur 25 °C, Weiterkultur bei 15 °C.

Kumquat; *Fortunella*
Vermehrung wie Calamondin, siehe Seite 149.

Kräuselmyrte, Lagerströmie; *Lagerstroemia*
Aussaat (Samen wird selten angeboten) sowie Kopf- und Teilstecklinge von Frühjahr bis Herbst. Vermehrungstemperatur 22–25 °C, Weiterkultur nicht unter 18 °C.

Lampenputzerstrauch, Schönfaden, Zylinderputzer; *Callistemon*
Üblich ist die Vermehrung durch an der Basis leicht verholzte Kopf- oder Triebstecklinge, die bevorzugt im Sommer geschnitten werden. Samen werden auch bei uns angesetzt. Vermehrungstemperatur 20–25 °C, Weiterkultur für zügiges Wachstum nicht unter 15 °C.

Limone; *Citrus*
Vermehrung erfolgt wie bei Calamondin, siehe Seite 149.

Lorbeerbaum; *Laurus nobilis*
Stecklinge, bevorzugt im Sommer. Vermehrungstemperatur 18–22 °C. Weiterkultur bei 15 °C.

Mandarine; *Citrus*
Vermehrung siehe Calamondin, siehe Seite 149.

Mastixbaum; *Pistacia lentiscus*
Aussaat oder durch Stecklinge im Juni. Vermehrungstemperatur 25 °C, Weiterkultur bei 15 °C.

Neuseelandflachs; *Phormium tenax*
Teilung im Frühjahr, aber auch eine Aussaat ist möglich. In den Urlaubsländern rund um das Mittelmeer wird immer wieder keimfähiges Saatgut angeboten.

Neuseelandmyrte, Leptospermum; *Leptospermum scoparium*
Krautige Stecklinge von März bis Mai oder ausgereifte, an der Basis leicht verholzte Stecklinge im August. Die Art selbst ist leicht durch Aussaat zu vermehren. Samen werden regelmäßig auch bei uns angesetzt. Vermehrungstemperatur für Stecklinge 25–30 °C, zur Keimung 20 °C, Weiterkultur nicht unter 15 °C.

Oleander; *Nerium oleander*
Kopf- oder Teilstecklinge, bevorzugt von Juni bis August. Als Substrat eignen sich Grodan-Vermehrungswürfel (Foto nächste Seite), aber auch Torfquelltöpfe gut. Eine Vermehrung durch Aussaat ist möglich, doch werden die Nachkommen sehr unterschiedlich ausfallen. Für Liebhaber, die etwas Neues erziehen möchten, ist eine Aus-

saat jedoch interessant. Vermehrungstemperatur 20 °C, Weiterkultur bei 15 °C.

Olive, Ölbaum; *Olea europaea*
Bei uns ist die Vermehrung durch Kopf- oder Teilstecklinge zu bevorzugen. Am besten eignen sich dazu die Sommermonate. Soweit frisches, ausgereiftes Saatgut beschafft werden kann, kann auch ausgesät werden. Doch dauert es mehrere Jahre, bis es zur Blüten- und Fruchtbildung kommt.

Orange; *Citrus*
Vermehrung wie bei Calamondin beschrieben, siehe Seite 149.

Rosmarin; *Rosmarinus officinalis*
Aussaat im März bis April oder durch ausgereifte Stecklinge im Juli bis August. Vermehrungstemperatur 18 °C, Weiterkultur nicht unter 10 °C.

Japanischer Sagopalmfarn; *Cycas revoluta*
Durch importiertes Saatgut, das sofort nach Erhalt bei 30–35 °C ausgesät werden muss. Weiterkultur nicht unter 15 °C. Alte Pflanzen bilden auch Stammaustriebe aus, die abgenommen wie Stecklinge zur Wurzelbildung gebracht werden können.

Schmucklilie, Liebesblume; *Agapanthus*
Teilung im Herbst nach der Blüte oder durch Aussaat im Frühjahr bei 15 °C. Blühreif in der Regel erst nach drei Jahren.

Neuseeländischer Schnurbaum; *Sophora tetraptera*
Aussaat oder Stecklinge (im Juni/Juli). Auch in Kultur werden Samen gebildet. Bei trocken gelagertem Saatgut ist die harte Samenschale aufzurauen. Vermehrungstemperatur 20–25 °C, Weiterkultur bei 15 °C.

Schönmalve, Sammetmalve, Samtpappel; *Abutilon*
Bis auf *A.* × *hybridum,* von der es auch einige durch Samen vermehrbare Sorten im Handel gibt, werden die Arten in der Regel durch Kopf- oder Teilstecklinge vermehrt, die ganzjährig geschnitten werden können. Vermehrungstemperatur um 22 °C, Weiterkultur möglichst nicht unter 15 °C.

Australische Silbereiche; *Grevillea robusta*
Die Vermehrung erfolgt üblicherweise durch Aussaat. Saatgut wird im einschlägigen Samenhandel regelmäßig angeboten. Bei älteren Samen ist die harte Schale aufzurauen. Eine Vermehrung durch Stecklinge ist möglich. Vermehrungstemperatur 20 °C, Weiterkultur nicht unter 16 °C.

Japanischer Spindelstrauch; *Euonymus japonica*
In Kultur meist buntblättrige Formen, für die nur die Vermehrung durch Kopf- oder Teilstecklinge in Frage kommt. Vermehrungstemperatur 20 °C, Weiterkultur bei 15 °C.

Steineibe; *Podocarpus*
Aussaat importierter Samen oder durch Stecklinge. Die Aussaat ist der Stecklingsvermehrung vorzuziehen, da Stecklinge aus Seitentrieben lange Zeit benötigen, um ihren artgerechten Wuchs zu entwickeln. Stecklinge schneidet man am besten im Juni bis Juli. Vermehrungstemperatur 25 °C, Weiterkultur bei 18 °C.

Strauchmargerite; *Argyranthemum frutescens*
Die im Handel erhältlichen Pflanzen sind ausschließlich Klonsorten, die nur vegetativ vermehrt werden können. Man verwendet Kopfstecklinge, die am besten vor Wintereintritt von den abgeblühten Pflanzen geschnitten werden oder von kühl überwinterten Mutterpflanzen im Januar bis Februar abgenommen werden können. Vermehrungstemperatur 15–18 °C, Weiterkultur bei 8–10 °C.

Strelitzie, Paradiesvogelblume; *Strelitzia reginae*
Teilung im Frühjahr (ältere Pflanzen) oder Aussaat. Bei älteren, trocken gelagerten Samen sollte man die Schale aufrauen. Vermehrungstemperatur 22–25 °C, Weiterkultur nicht unter 18 °C.

Glänzende Tibouchine; *Tibouchina urvilleana*
Ausgereifte, leicht verholzte Triebstecklinge mit zwei Blattansätzen (Nodien). Eine Bewurzelung findet nur bei hohen Bodentemperaturen von 25–30 °C statt, Weiterkultur nicht unter 18 °C zu empfehlen.

Wandelröschen; *Lantana camara*
Kopfstecklinge im Herbst oder von überwinterten Mutterpflanzen im Januar bis Februar. Vermehrungstemperatur 20 °C, Weiterkultur bei 12–18 °C. Zum Experimentieren ist auch eine Aussaat zu empfehlen. Diese erfolgt direkt nach der Samenreife bzw. nach dem Erhalt der Samen.

Japanische Wollmispel; *Eriobotrya japonica*
Aussaat, eine Vermehrung durch Stecklinge ist möglich, doch dauert die Wurzelbildung sehr lange. Vermehrungstemperatur 20 °C, Stecklinge 25–30 °C, Weiterkultur bei 15 °C.

Zierbanane; *Ensete ventricosum*
Vermehrung durch Aussaat, siehe Banane auf Seite 148.

Zitrone; *Citrus*
Vermehrung wie Calamondin, siehe Seite 149.

Gemüse und Küchenkräuter vermehren

Die meisten Gemüsearten und Küchenkräuter werden aus Samen gezogen. Je nach Art pflanzt man entweder nach einer Vorkultur unter Glas oder sät direkt an Ort und Stelle aus. Ist im Folgenden von Gemüse die Rede, so sind damit auch Kräuter gemeint.

Die Direktsaat ist für Gemüse die einfachste Art der Anzucht. Arbeitsaufwändiges Pikieren und Topfen entfällt. Theoretisch lassen sich alle Gemüsearten direkt an Ort und Stelle säen, doch höhere Keimergebnisse, eine leichtere Unkrautbekämpfung, frühere Ernten und eine sichere Terminplanung sprechen für die Anzucht von Jungpflanzen und anschließender Verpflanzung. Weiterhin entfällt bei verschiedenen Gemüsearten das sonst notwendige Vereinzeln und man erzielt gleichmäßigere Bestände mit einem hohen Anteil guter Qualitäten. Die Kultur von wärmebedürftigen Arten wie Paprika, Aubergine, Tomate und Melone wäre ohne Vorkultur unter Glas überhaupt nicht möglich.

Direkt an Ort und Stelle aussäen

Bei der Flächenauswahl für die Direktsaat sollten Sie auf eine geregelte Fruchtfolge achten. Wird eine Gemüseart mehrere Jahre hintereinander auf derselben Fläche angebaut, gehen die Erträge immer weiter zurück. Dies bezeichnet man als Bodenmüdigkeit. Darüber hinaus bestehen zwischen einzelnen Gemüsearten gewisse Unverträglichkeiten, die Sie beachten sollten. Machen Sie sich daher jedes Jahr eine einfache Skizze, aus der die Nutzung der Beete hervorgeht. Bearbeiten Sie das Saatbett so, dass eine gut strukturierte, homogene, aber festere untere Bodenschicht mit guter Wasserführung entsteht, damit die Samen ohne Probleme quellen können. Die obere Schicht sollte hingegen feinkrümelig, locker sowie gut durchlüftet sein, dem Pflanzenwachstum nur geringen Widerstand entgegensetzen und den Wasserverlust des Bodens vermindern. Die Tiefe dieser lockeren Schicht sollte der Saattiefe entsprechen. Sobald das Land im Frühjahr so weit abgetrocknet ist, dass die Erde nicht mehr an den Schuhen und Geräten kleben bleibt und sich der Boden genügend erwärmt hat, können Sie mit den ersten Aussaaten im Freiland beginnen. Die Aussaatfläche wird am besten mit einem Kultivator, Handgrubber oder Krail zerkleinert und eingeebnet. Stellen Sie anschließend das feinkrümelige Saatbeet mit Hilfe einer Harke her. Dabei gilt: Je feiner der Samen, desto feiner sollte auch die Erdoberfläche sein. Wollen Sie den Boden im Laufe der Sommermonate für die Aussaat von Nachkulturen vorbereiten, genügt ein flaches Umgraben. Oder beschränken Sie sich noch besser nur auf Kultivator und Harke.

Keimtemperatur

Die untere Temperaturgrenze, bei der die Samen gerade noch keimen, liegt bei kälteverträglichen Gemüsearten zwischen 0 und 5 °C, bei wärmebedürftigen Arten zwischen 8 und 12 °C. Der Temperaturbereich für eine in der Praxis akzeptable Keimfähigkeit ist deutlich enger. Er liegt für kälteverträgliche Arten zwischen 5 und 25 °C, für wärmebedürftige Arten zwischen 13 und 25 °C.

Saattiefe

Für die Saattiefe gilt bei Gemüsesamen die Grundregel, dass man sie flach, aber so tief einsäen sollte, dass ein Anschluss an die feuchte Bodenschicht und damit die Quellung gewährleistet ist. Dementsprechend ist auf einem feuchten Boden flacher, auf einem relativ trockenen Boden tiefer zu säen. Eine etwas tiefere Saat ist bei leichten Böden, großkörnigen und robusten Samen zu empfehlen. Mittlere Saattiefen sind für feinkörnige Samen 1–3 cm, für grobkörnige 2–5 cm.

Reihen- oder Breitsaat

Gemüsesamen kann man breit oder in Reihen aussäen. Obwohl die Reihensaat etwas mehr Arbeit erfordert, ist sie eindeutig einer Breitsaat vorzuziehen. Denn eine Breitsaat gelingt nie so gleichmäßig, dass jede Pflanze ausreichend Platz bekommt. Außerdem ist das Hacken später kaum möglich, so dass man das Unkraut mühsam mit der Hand entfernen muss.

Bei der Breitsaat wird das Saatgut von Hand, mit der Tüte oder mit Sähilfen breitwürfig verteilt. Neben der gleichmäßigen Verteilung bereitet meist das Einarbeiten in eine günstige Bodenschicht Schwierigkeiten. Die Samen werden auf kleinen Flächen flach mit einem Substrat, z. B. Kompost, überschichtet, auf größeren Flächen mit einer Harke oder einem Rechen eingearbeitet. Auf trockenem Boden ist ein Andrücken der Erde erforderlich, wenn kein Wasser zur Verfügung steht.

Die Reihensaat erlaubt eine saubere Ablage sowie eine relativ einheitliche Tiefenlage der Samen, darüber hinaus eine Bodenlockerung und Unkrautbekämpfung zwischen den Reihen.

In der Regel werden im Gemüsegarten 1,5 m breite Beete angelegt. Davon entfallen 30 cm auf den Weg, so dass als Nutzfläche 1,2 m übrigbleiben. Bei dieser Beetbreite haben Sie bei keiner Kulturarbeit Probleme, die Beetmitte zu erreichen. Breitere Beete erschweren diese Arbeiten, während durch schmalere Beete Anbaufläche verschwendet wird.

Die Reihen lassen sich mit einem Harkenstiel, der an einer gespannten Schnur entlang geführt wird, oder mit dem praktischen, arbeitssparenden Reihenzieher markieren.

Drill- und Gleichstandssaat

Je nachdem, wie die Gemüsesamen bei der Reihensaat abgelegt werden, spricht man von Drill- oder Gleichstandssaat. Bei der Drillsaat, die vor

Die drei Aussaatverfahren, die bei Direktsaaten von Gemüse üblich sind (von oben nach unten): Gleichstandssaat, Dippelsaat, Horstsaat.

allem bei feinkörnigen Samen wie Möhren und Zwiebeln angewendet wird, fallen die Samenkörner in ungleichmäßigen Abständen, was besonders bei geringen Saatstärken zu ungleichen Pflanzabständen führt. Um ein zu dichtes Aussäen bei feinkörnigen Samen zu verhindern, mischt man das Saatgut am besten mit der gleichen oder doppelten Menge gleich großer Materialien. Das kann z. B. trockener Sand sein. Dadurch lässt sich die erforderliche Aussaatdichte besser einhalten.

Die Gleichstandssaat mit Einzelkornablage führt in den Reihen zu gleichmäßigeren Pflanzabständen. Bei Saatgut mit hoher Triebkraft, bzw. bei speziell veredelten Saatgut im Handel, kann gleich auf den endgültigen Abstand abgelegt werden, so dass ein Vereinzeln entfällt. Sind die Voraussetzungen weniger günstig, wird auf halben Endstand abgelegt. Überzählige Pflanzen müssen Sie dann nach dem Aufgehen entfernen.

Werden bei der Gleichstandssaat jeweils mehrere Samen pro Saatstelle abgelegt, spricht man von Horstsaat. Diese ist z. B. bei Busch-Bohnen üblich, bei denen man jeweils vier bis fünf Samen zusammen ablegt. Das hat den Vorteil, dass die Keimlinge einen verkrusteten Boden leichter gemeinsam durchbrechen können und man in den Reihen leichter hacken kann.

Andrücken

Damit die Samen einen guten Bodenkontakt erhalten, müssen auch Gemüsesamen besonders auf trockenen Böden nach der Aussaat angedrückt werden. Dabei drückt man nur die Saatreihen mit einem Andrückbrettchen oder dem Rücken der Harke fest an. Ein Andrücken oder Walzen der gesamten Beetfläche würde die Verdunstung fördern und bei Niederschlägen zu einer Bodenverkrustung führen.

Markiersaat

Bei Gemüsearten, die wie Möhre und Zwiebel längere Zeit zur Keimung benötigen, ist eine Markiersaat zu empfehlen. Dazu eignen sich am besten Radieschen, von denen man vor dem Abdecken der Reihen alle 8–10 cm ein Korn auslegt. Die relativ schnell aufgehenden Radieschen zeigen die Reihen an, so dass Sie bereits vor dem Aufgang der Möhren- oder Zwiebelsamen hacken können und damit dem Boden Sauerstoff zuführen sowie den Wasserhaushalt günstig beeinflussen.

Die Markiersaat aus Radieschen ist aufgegangen, die Aussaatreihe ist damit deutlich sichtbar.

Vorkultur unter Glas

Bei wärmebedürftigen Gemüsearten und Küchenkräutern muss eine Vorkultur unter Glas erfolgen. Auch bei anderen Arten sprechen einige Vorteile für diese Art der Kultur (siehe Seite 154). Was dabei bei der Aussaat und der anschließenden Pflege alles zu beachten ist, können Sie im Kapitel „Durch Samen vermehren" (siehe Seite 13) nachlesen.

Abhärten

Bei einer Vorkultur unter Glas müssen die Jungpflanzen vor dem Auspflanzen abgehärtet werden. Dadurch sollen die Pflanzen an den Pflanzschock und die härteren Wachstumsbedingungen im Freiland angepasst werden. Zum Abhärten senken Sie die Temperatur langsam auf die Freilandwerte ab und lüften verstärkt. Die wirksamste Abhärtung erlauben Frühbeete durch verstärktes Lüften und das Abnehmen der Fenster. Dabei wird das Abhärten am besten durch Trockenbedingungen und eine gute, aber nicht zu reichliche Nährstoffversorgung unterstützt.

Auspflanzen

Die Jungpflanzen werden einen Tag vor dem Auspflanzen tüchtig angegossen und am besten an einem bedeckten Tag oder in den kühleren Morgen- oder Abendstunden ausgepflanzt.

Auch bei der Pflanzung bieten gleiche Abstände zwischen den Nachbarpflanzen die besten Voraussetzungen für hohe und qualitativ gute Erträge. Am gebräuchlichsten ist die Pflanzung im Verband. Der Boden sollte so locker und feucht sein, dass ohne Schwierigkeiten mit der Hand gepflanzt werden kann

Arten mit Rosettenwuchs, wie Kopf-Salat, werden flach, Arten mit längerer Sprossachse und Neigung zur Adventivwurzelbildung, wie Kohlarten oder Tomate, tiefer gepflanzt. Das Anwachsen wird durch ein kräftiges Angießen gefördert.

Gemüse und Küchenkräuter von A–Z

Dieser spezielle Teil widmet sich den wichtigsten Gemüsearten und Küchenkräutern. Sie erfahren hier, wann vermehrt werden sollte, ob eine Direktsaat oder eine Aussaat unter Glas vorzuziehen ist, welches die günstigste Keimtemperatur und die erforderliche Saattiefe bei Direktsaat ist. Bei den Kräutern finden Sie zusätzliche Hinweise, ob die jeweilige Art ein- oder mehrjährig gezogen wird und ob ein Anbau in Töpfen möglich ist.

Anis; *Pimpinella anisum*

Aussaat an Ort und Stelle im April. Vorkultur unter Glas ab Februar und Auspflanzen im April möglich.

Gemüse-Artischocke; *Cynara cardunculus*

Direktsaat oder Pflanzung mit Vorkultur. Aussaat im Februar unter Glas, ab Ende Mai auspflanzen. Direktsaat an Ort und Stelle ist im April möglich, Ernte erfolgt dann in der Regel erst im nächsten Jahr. Wer bereits über Pflanzen verfügt, kann auch durch Stecklinge vermehren. Man verwendet Nebensprosse, die mit einem scharfen Messer am Hauptstamm abgeschnitten werden.

Wilde Artischocke, Kardy; *Cynara cardunculus*

Direktsaat oder mit Vorkultur unter Glas. Aussaat mit Vorkultur Ende Februar/Anfang März, Auspflanzen Anfang Mai. Direktsaat von Ende April bis Anfang Mai.

Aubergine, Eierfrucht; *Solanum melongena*

Pflanzung mit Vorkultur. Für Anbau unter Glas Aussaat im Februar, Pflanzung Ende April.

Basilikum; *Ocimum basilicum*

Am besten Aussaat im März mit Vorkultur unter Glas, auspflanzen im Mai. Direktsaat nicht vor Mitte Mai.

Beifuß; *Artemisia vulgaris*

Aussaat im Februar/März unter Glas. Auspflanzen Ende April/Anfang Mai. Vermehrung durch Teilung möglich.

Bohne; *Phaseolus vulgaris*

Mittels Direktsaat an Ort und Stelle. Bohnen benötigen zur Keimung eine Bodentemperatur von mindestens 8–10 °C, daher sollte man unter normalen Verhältnissen erst nach dem 10. Mai mit dem Aussäen beginnen. Letzte Aussaaten sind standortabhängig zwischen dem 5. und 15. Juli möglich. Stangen-Bohnen (var. *nanus*) sät man Mitte Mai bis Ende Juni direkt aus.

Sommer-Bohnenkraut; *Satureja hortensis*

Aussaat direkt an Ort und Stelle von Ende März bis Juni möglich.

Borretsch, Gurkenkraut; *Borago officinalis*

Mittels Direktsaat von April bis Ende Juli. Am besten alle zwei Wochen eine Folgesaat ausbringen, da diese bessere Blattqualitäten liefert als die mehrmalige Ernte über mehrere Monate hinweg.

Brokkoli; *Brassica oleracea var. italica*

Pflanzung mit Vorkultur. Brokkoli kann von März bis Anfang Juli gesät und bis Anfang August gepflanzt werden. Für eine Ernte Ende Juni: Jungpflanzenanzucht unter Glas mit Aussaat Ende Februar bis Anfang März, Pflanzung Ende April ins Freiland. Für eine Ernte im Sommer: Jungpflanzenanzucht auf Anzuchtbeeten im Freiland mit Aussaat Anfang April, Pflanzung Ende Mai.

Dicke Bohne, Sau-Bohne, Puff-Bohne; *Vicia faba var. faba*

Direktsaat Anfang bis Mitte März. Spätere Aussaaten bis Anfang Juni sind möglich, bringen jedoch geringere Erträge. Vorkultur mit zwei Samen je 9-cm-Topf mit Aussaat im Februar und Auspflanzen Mitte März möglich.

Dill; *Anethum graveolens* var. *hortorum*
Direktsaat für die Nutzung der Blätter von Anfang April bis Ende Juli. Folgesaaten im Abstand von vier Wochen sind sinnvoll. Für den Anbau zur Körnernutzung kommen nur frühe Aussaaten von Anfang April bis Anfang Mai in Betracht. Anzucht mit Vorkultur ist möglich.

Winter-Endivie; *Cichorium endivia* var. *endiva*
Pflanzung mit Vorkultur ist die Regel, Direktsaat möglich. Man unterscheidet zwischen einem Frühanbau mit Aussaat Anfang bis Ende März, Pflanzung Anfang bis Ende April, Ernte Anfang bis Ende Juni und einem Herbstanbau mit Aussaat Anfang Juni bis Ende Juli, Pflanzung Mitte Juli bis Mitte August und Ernte Ende September bis Ende November.

Erbse; *Pisum sativum* subsp. *sativum*
Aussaat an Ort und Stelle. Sobald der Boden im Frühjahr frostfrei ist, kann die Aussaat von Pal- (Sativum-Grp.) und Zucker-Erbsen (Macrocarpon-Grp.) beginnen. Unter günstigen Bedingungen ist dies etwa ab Anfang bis Mitte März möglich. Mark-Erbsen (Medullare-Grp.) haben höhere Temperaturansprüche und sollten nicht vor Anfang bis Mitte April gesät werden. Letzter Aussaattermin ist Ende April. Spätere Aussaaten bis Ende Mai sind zwar möglich, bringen jedoch nur wenig Ertrag.

Estragon; *Artemisia dracunculus*
Der Russische Sortentyp wird direkt an Ort und Stelle ausgesät, während beim Deutschen oder Französischen Sortentyp entweder vorkultivierte, aus Stecklingen gewonnene Jungpflanzen oder geteilte Wurzelstöcke gepflanzt werden. Aussaat mit Vorkultur unter Glas im Februar bis März. Direktsaat ist von April bis Mai möglich.

Feldsalat, Ackersalat; *Valerianella locusta*
Im Hausgarten erfolgt der Anbau durch Direktsaat, während Feldsalat im erwerbsmäßig betriebenen Gartenbau häufig gepflanzt wird. Direktsaat ist im Freiland von Anfang April bis Ende August, für die Überwinterung bis Ende September/Anfang Oktober möglich. Hauptaussaatzeit im Hausgarten ist Ende Juli bis Anfang August.

Knollen- oder Gemüse-Fenchel; *Foeniculum vulgare* subsp. *vulgare* var. *azoricum*
Direktsaat oder Pflanzung mit Vorkultur. Direktsaat erfolgt Mitte Mai bis Anfang Juli.

Feuer-Bohne; *Phaseolus coccineus*
Aussaat Ende April/Anfang Mai direkt an Ort und Stelle.

Gurke; *Cucumis sativus*
Salatgurken unter Glas: Aussaat Mitte März bis Anfang April.

Einlege-, Senf-, Schäl- und kurzfrüchtige Salatgurken im Freiland: Mittels Direktsaat oder man kultiviert die Jungpflanzen unter Glas vor und setzt sie danach ins Freiland. In Jahren mit schlechter Witterung kann ein

Witterungsschutz (Foto) von Vorteil sein. Bei Direktsaat: Aussaat in der Regel Ende Mai bis Anfang Juni, wenn die Bodentemperaturen mindestens 10 °C betragen.

Kerbel; *Anthriscus cerefolium*

Aussaat direkt an Ort und Stelle ab Ende März. Es empfehlen sich Folgesaaten im Abstand von drei Wochen.

Knoblauch; *Allium sativum* var. *sativum*

Die Knoblauchzehen der Wintersorten werden im Spätherbst gepflanzt, die der Frühsorten ab März.

Chinakohl; *Brassica rapa* subsp. *chinensis*

Direktsaat oder Pflanzung mit Vorkultur. Eine Aussaat bei Pflanzung mit Vorkultur ist je nach Sorte ab Anfang April möglich, bei Direktsaat wegen der Gefahr der Schosserbildung nicht vor Anfang Juli zu empfehlen. Letzter Aussaattermin: Ende Juli bis Anfang August.

Blumenkohl; *Brassica oleracea* var. *botrytis*

Die Pflanzung mit Vorkultur ist die übliche Methode. Für den Anbau im Kleingewächshaus für früheste Ernte unter Glas: Aussaat im Februar mit Pflanzung Anfang bis Mitte März. Für den Frühanbau im Freiland: Jungpflanzenanzucht unter Glas mit Aussaat Ende Februar bis Anfang März und Pflanzung im April. Für den Sommeranbau: Aussaat März bis April, Pflanzung Anfang Mai bis Mitte Juni. Für eine Ernte im Frühherbst: Aussaat Anfang Mai bis Anfang Juni, Pflanzung Anfang Juni bis Anfang Juli. Für einen Anbau im Spätherbst: Aussaat Mitte Juni (auch im Freiland auf Saatbeete), Pflanzung Mitte bis Ende Juli. Bei der Sortenwahl sind die Anbauzeiten unbedingt zu beachten.

Grünkohl; *Brassica oleracea* var. *sabellica*

Grünkohl wird entweder direkt breitwürfig ausgesät oder nach einer Jungpflanzenanzucht ausgepflanzt. Jungpflanzenanzucht am besten auf Anzuchtbeeten im Freiland von Mitte Mai bis Ende Juli. Aussaat am besten in Reihen etwa fünf Wochen vor dem Pflanztermin. Pflanzzeitraum von Ende Juni bis Anfang August.

Rosenkohl; *Brassica oleracea* var. *gemmifera*

Anbau durch Pflanzung mit Vorkultur. Die Aussaattermine für frühe Sätze liegen zwischen Mitte Februar und Anfang März, für die späteren Sätze zwischen Ende März und Mitte April. Die mögliche Pflanzzeit erstreckt sich von Ende April bis Ende Juni. Ab April kann die Jungpflanzenanzucht auch auf Anzuchtbeeten im Freiland erfolgen.

Weiß- und Rotkohl, Wirsing; *Brassica oleracea* var. *capitata* und var. *sabauda*

Anbau in der Regel durch Pflanzung mit Vorkultur, eine Direktsaat ist möglich. Man unterscheidet Frühkohl (Aussaat Ende Februar unter Glas, Pflanzung Ende März bis Anfang April), Sommerkohl (Aussaat im März unter Glas, Pflanzung Ende April), Herbstkohl (Aussaat Mitte April auf Anzuchtbeete im Freiland, Pflanzung Mitte Mai bis Anfang Juni) und Dauer- oder Lagerkohl (Aussaat Ende April auf Anzuchtbeete im Freiland, Pflanzung Ende Mai bis Mitte Juni).

Kohlrabi; *Brassica oleracea* var. *gongylodes*

Anbau in der Regel durch Pflanzung mit Vorkultur. Besitzer eines heizbaren Kleingewächshauses können für eine Ernte Ende April/Anfang Mai bereits im Januar aussäen und dann

Ende Februar/Anfang März pflanzen. Für den Frühanbau im Freiland erfolgt die Jungpflanzenanzucht mit Aussaat Anfang Februar unter Glas und Pflanzung ab Mitte März. Für den Sommeranbau kann die Jungpflanzenanzucht auf Anzuchtbeeten im Freiland (Aussaat Ende März bis Anfang April) erfolgen, wenn die Witterungsbedingungen dies zulassen. Pflanzung ab Mitte Mai. Für den Herbstanbau wird Ende Mai bis Mitte Juni auf Anzuchtbeete im Freiland ausgesät. Pflanzung Anfang bis Ende Juli im Abstand von 25 × 25 cm (Foto links).

Koriander; *Coriandrum sativum*
Direktsaat im April in Reihen. In Gegenden mit kühlem Frühjahr ist es besser, im März unter Glas Jungpflanzen heranzuziehen und Anfang Mai auszupflanzen.

Garten-Kresse; *Lepidium sativum*
Direktsaat in Folgesätzen von März bis September. Im Winter sät man Kresse in flache Schalen auf Erde oder Fließpapier aus.

Kümmel; *Carum carvi*
Direktsaat ab März.

Kürbis; *Cucurbita maxima*
Direktsaat oder Vorkultur unter Glas mit Pflanzung. Da Kürbis sehr frostempfindlich ist, kann in der Regel nicht vor dem 15. Mai ausgesät bzw. gepflanzt werden.

Liebstöckel, *Maggikraut; Levisticum officinale*
Direktsaat, Pflanzung mit Vorkultur oder Teilung von Wurzelstöcken. Direktsaat im Frühherbst oder im Mai. Vorkultur ab März unter Glas möglich.

Echtes Löffelkraut; *Cochlearia officinalis*
Direktsaat im März und April oder im August bis September.

Zucker-Mais; *Zea mays*
Aussaat in der Regel direkt an Ort und Stelle. In klimatisch günstigen Gebieten kann schon Anfang Mai ausgesät werden. Letzter Aussaattermin Ende Juni. Vorkultur unter Glas möglich. Aussaat Anfang April mit zwei Samen je 9-cm-Topf und Pflanzung Mitte Mai.

Majoran; *Origanum majorana*
Direktsaat oder mit Vorkultur unter Glas. Direktsaat ab Mitte Mai. Vorkultur mit Aussaat im März/April, Ende Mai auspflanzen.

Mangold; *Beta vulgaris subsp. cicla*
Mittels Direktsaat oder mit Vorkultur und Pflanzung. Aussaat von Ende März bis Juli.

Meerrettich; *Armoracia rusticana*
Vegetative Vermehrung durch 30–40 cm lange Wurzelstücke (sogenannte Fechser). Bei der Ernte im Herbst werden von der Hauptwurzel (Stange) die 1–2 cm starken Seitenwurzeln abgetrennt und auf 30–40 cm Länge zugeschnitten. Diese Fechser werden über Winter im Keller in feuchten Sand eingeschlagen. Vor dem Pflanzen Mitte März bis Mitte April werden mit Ausnahme der oberen und unteren 3 cm alle Knospen und Wurzeln am Fechser mit einem Tuch abgerieben, damit sich dort keine Austriebe bilden.

Zucker-, Netz- oder Honig-Melone; *Cucumis melo*

Direktsaat im Freiland ist möglich, aber nicht zu empfehlen. Üblich ist eine Pflanzung mit Vorkultur unter Glas. Aussaat Mitte bis Ende Mai in 10- bis 12-cm-Töpfe (Foto). Nach Ausbildung des vierten bis fünften Laubblattes wird ausgepflanzt. Zum Zeitpunkt der Pflanzung soll die Bodentemperatur mindestens 14–15 °C betragen.

Möhre, Karotte; *Daucus carota* subsp. *sativus*

Direktsaat von Anfang bis Mitte März, sobald der Boden frostfrei und oberflächlich abgetrocknet ist. Folgesaaten bis Mitte Juli. Für den Anbau später Sorten liegen die günstigsten Aussaattermine zwischen Mitte März und Mitte April.

Neuseeländer Spinat; *Tetragonia tetragonioides*

Obwohl eine Direktsaat im Freiland ab Mitte bis Ende April möglich ist, ist die Vorkultur mit anschließendem Auspflanzen empfehlenswert. Aussaat Ende März (spätestens Anfang April), Pflanzung erst, wenn Nachtfröste nicht mehr zu erwarten sind, d. h. nicht vor Mitte Mai.

Oregano, Gewöhnlicher Dost; *Origanum vulgare* subsp. *vulgare*

Direktsaat (ab Ende April) oder Vorkultur unter Glas mit Pflanzung, um frühzeitig kräftige Pflanzen zu erhalten. Soweit Pflanzen vorhanden sind, kommen auch eine Teilung oder Stecklinge in Frage. Aussaat für Pflanzung Ende April unter Glas, ab Ende April/ Anfang Mai auspflanzen.

Paprika; *Capsicum annuum*
Aussaat, Stecklingsvermehrung möglich. Üblich ist das Setzen von in Töpfen vorkultivierten Jungpflanzen. Zunächst Aussaat im März in Saatkisten bei 22–24 °C, anschließend in Töpfe pikieren. Die Pflanzung kann dann ab Mitte Mai erfolgen

Echte Pastinak; *Pastinaca sativa*
Vermehrung durch Direktsaat im März, spätestens im April. Dieser frühe Zeitpunkt ist notwendig, da zur Entwicklung der Rüben sechs bis sieben Monate benötigt werden. Für die Überwinterung kann auch Ende Mai bis Mitte Juni gesät werden.

Petersilie; *Petroselinum crispum*
Bei der mehrjährigen Petersilie wird zwischen Blatt-Petersilie (var. *crispum*) und Petersilienwurzel (var. *truoubesm*) unterschieden. Blatt-Petersilie kann man direkt aussäen oder auch vorkultivierte Setzlinge pflanzen. Direktsaat ab März bis Ende Juli. Jungpflanzenanzucht ab Februar unter Glas. Bei Petersilienwurzel ist eine Direktsaat üblich. Aussaat in der Regel im März/April. Mai- und Juniaussaaten bringen kleinere Wurzeln.

Pfefferminze; *Mentha × piperita* nothovar. *piperita*
Eine Vermehrung der echten Pfefferminze ist nur durch Ableger (Teilung) oder Stecklinge möglich. Dies geschieht am besten im Frühjahr, wenn der Boden offen ist. Aussaat von Samen anderer Minze-Arten, die auch als Pfefferminze angeboten werden, Ende April bis Anfang Mai unter Glas, Pflanzung im Mai.

Pimpernelle, Pimpinelle, Kleiner Wiesenknopf; *Sanguisorba minor*
Üblich ist eine Direktsaat, da die Pimpernelle eine Pfahlwurzel bildet und sich schlecht verpflanzen lässt. Die Aussaat sollte dann Ende April bis Anfang Mai erfolgen.

Porree; *Allium porrum var. porrum*
Aussaat mit Vorkultur, Direktsaat ist möglich. Sommersorten werden Anfang März, Herbstsorten Ende März/Anfang April und Wintersorten Ende April ausgesät. Jungpflanzenanzucht für Frühanbau mit Pflanzung ab Mitte März (mit Folienschutz) oder Anfang Mai (ohne Folienschutz) in Saatkisten unter Glas. Bei späteren Pflanzterminen kann die Jungpflanzenanzucht auch auf Anzuchtbeeten im Freiland oder im Frühbeetkasten erfolgen. Die Temperaturen sollten während der Anzucht 15 °C nicht unterschreiten, da sonst die Gefahr des Schossens besteht. Letzter Pflanztermin für eine Ernte im selben Jahr ist Mitte Juni. Eine Direktsaat erfolgt Ende März bis Anfang April.

Gemüse-Portulak; *Portulaca oleracea* subsp. *sativa*
Direktsaat von April bis Oktober in mehreren Sätzen.

Winter-Portulak; *Montia perfoliata*
Am besten wird durch Direktsaat vermehrt. Es ist aber auch eine Vorkultur von Jungpflanzen mit anschließender Pflanzung möglich. Für die Herbst- und Halbwinterernte: Aussaat im August und September. Für die Frühjahrskultur: Aussaat von Anfang März bis Anfang April.

Radicchio, Fleischkraut, Chicorée; *Cichorium intybus* var. *foliosum*

Aussaat mit Vorkultur unter Glas und anschließendem Auspflanzen, Direktsaat möglich, jedoch wegen der Gefahr größerer Ausfälle nicht zu empfehlen. Auspflanzen Anfang Juli bis Ende Juli. Der letzte Pflanztermin liegt Anfang August.

Radieschen; *Raphanus sativus* var. *sativus*

Mittels Direktsaat in der Regel ab März, unter günstigen Bedingungen oder bei Anbau unter Folie bereits ab Ende Februar. Folgesaaten im Abstand von zwei bis drei Wochen sind zu empfehlen. Letzter Aussaattermin ist Anfang September.

Garten-Rettich; *Raphanus sativus* var. *niger*

Direktsaat. Wegen der Gefahr des Schossens erst im April beginnen, wenn die Tagestemperaturen über 12 °C liegen. Die Anbaueignung der Sorten für bestimmte Jahreszeiten ist zu beachten.

Rhabarber; *Rheum rhabarbarum*

Die Vermehrung erfolgt in der Regel vegetativ durch Teilung. Rhabarber lässt sich vom Frühjahr bis zum Herbst pflanzen. Die beste Pflanzzeit ist der Herbst, nachdem die Rhabarberblätter gelb geworden sind. Geteilt wird mit dem Messer oder dem Spaten.

Rosmarin; *Rosmarinus officinalis*

Aussaat oder vegetativ durch Stecklinge. Aussaat ab Februar unter Glas. Leichter ist die Vermehrung durch Stecklinge im Frühjahr bis Sommer.

Rote Bete, Rote Rübe; *Beta vulgaris* subsp. *vulgaris* var. *vulgaris*

Direktsaat. Frühanbau kann Anfang April mit schossfesten Sorten erfolgen und bis Mitte Juli (Spätanbau) fortgesetzt werden. Für die Erzeugung kleiner Rüben, sogenannter „Babybeets“ oder „Minibete“, erfolgt die Aussaat von Anfang Juni bis Anfang Juli. Niedrige Temperaturen unter 12 °C während der Jugendentwicklung können zum Schossen führen. Eine Vorkultur auf Anzuchtbeeten im Freiland ist möglich.

Kopf-Salat; *Lactuca sativa* var. *capitata*

Für den Anbau von Kopf-Salat (var. *capitata*) wie Butter-, Cosberg-, Batavia- und Eis-Salat bieten sich viele Möglichkeiten an. Ausschlaggebend dafür ist seine kurze Entwicklungszeit, die je nach Anbauzeitraum und Sorte nur etwa fünf bis sieben Wochen von der Pflanzung bis zur Ernte erfordert. Eine Direktsaat ist zwar möglich, doch nicht zu empfehlen. In der Regel erfolgt die Jungpflanzenanzucht unter Glas. Für den Sommer- und Herbstanbau ist diese auch auf Anzuchtbeeten im Freiland möglich. Für die frühesten Pflanzungen im Freiland muss der Salat schon im Februar ausgesät werden. Der letzte Aussaattermin für Freilandernten von Ende September bis Anfang Oktober liegt zwischen dem 10. und 15. Juli. Blatt- bzw. Pflück-Salat (var. *crispa*) sät man an Ort und Stelle von März bis Juli aus.

Salbei; *Salvia officinalis*

Direktsaat ist möglich, doch ist wegen möglicher Ausfälle die Vorkultur von Jungpflanzen mit anschließender

Pflanzung zu empfehlen. Die Aussaat erfolgt im Februar/März, das Auspflanzen Ende Mai.

Sauerampfer, Garten-; *Rumex rugosus*
Direktsaat oder auch Setzen vorkultivierter Jungpflanzen bzw. vegetative Vermehrung durch Teilung älterer Pflanzen. Direktsaat von März bis Mai oder Herbstaussaat im August.

Schalotte; *Allium cepa*
Anbau in der Regel durch Brutzwiebeln. Seit jüngster Zeit gibt es Samen von F_1-Hybriden auf dem Markt, mit denen auch eine Direktsaat möglich ist. Legen von Brutzwiebeln von Ende Februar bis Ende März oder im Herbst von Ende September bis Anfang Oktober (nur in klimatisch günstigen Gebieten zu empfehlen).

Schnittlauch; *Allium schoenoprasum* var. *schoenoprasum*
Mittels Direktsaat oder mit Vorkultur unter Glas und anschließendem Verpflanzen sowie vegetativ durch Teilung. Direktsaat ab Mai bis Ende August. Aussaat unter Glas im Februar/März. Teilung älterer Pflanzen im Herbst oder im Frühjahr, wenn sich die ersten grünen Spitzen zeigen.

Schwarzwurzel; *Scorzonera hispanica*
Direktsaat, abhängig vom Witterungsverlauf zwischen Mitte März bis Mitte April.

Sellerie; *Apium graveolens*
Knollen- (var. *rapaceum*) und Bleich-Sellerie (var. *dulce*) werden vorkultiviert und gepflanzt, während man Schnitt-Sellerie (var. *secalinum*) in der Regel direkt an Ort und Stelle aussät. Aussaat unter Glas bei mindestens 18 °C von Ende Februar bis Anfang April. Bei Temperaturen unter 14 °C kommt es zur Schosserbildung. Anzuchten im April können auch direkt aus der Saatschale gepflanzt werden. Schnitt-Sellerie sät man im April direkt an Ort und Stelle. Foto: Knollen-Sellerie.

Spinat; *Spinacia oleracea*
Man unterscheidet Frühjahrsspinat (Aussaat Ende Februar bis Anfang April, Ernte von Mai bis Juni), Sommerspinat (Aussaat April bis Ende Juni, Ernte Juni bis August), Herbstspinat (Aussaat Juli bis September, Ernte von September bis Dezember) und Winterspinat (Aussaat Ende September/Anfang Oktober, Ernte April).

Steck-Rübe, Kohl-Rübe; *Brassica napus* subsp. *rapifera*
Eine Direktsaat ist möglich, doch ist es besser, die Jungpflanzen vorzuziehen und dann zu pflanzen. Aussaat Ende März bis spätestens Anfang Juni auf

Anzuchtbeete im Freiland, Mitte Juli bis Anfang August auspflanzen.

Tomate; *Lycopersicon esculentum* var. *esculentum*
Tomaten werden entweder unter Glas im Kleingewächshaus bzw. Folienhaus oder im Freiland angebaut. Für einen Anbau unter Glas erfolgt die Aussaat Ende Februar bis Anfang März, das Auspflanzen Ende April. Für den Freilandanbau wird Mitte März ausgesät und ab Mitte Mai ausgepflanzt, wenn keine Fröste mehr zu erwarten sind und sich eine Mindestbodentemperatur von 14 °C eingestellt hat.

Thymian; *Thymus vulgaris*
Aussaat oder Stecklinge. Für den Hausgarten ist die Stecklingsvermehrung im Sommer vorzuziehen, soweit Pflanzen vorhanden oder in der Nachbarschaft zu beschaffen sind. Direktsaat kann wegen der Feinheit des Samens nicht empfohlen werden. Die Aussaat unter Glas erfolgt von März bis Mai, Auspflanzen ab Mai möglich.

Ysop; *Hyssopus officinalis* subsp. *officinalis*
Bei dieser wärmeliebenden Art ist eine Vorkultur unter Glas mit Pflanzung zu empfehlen, Direktsaat im April und Mai möglich. Die Aussaat unter Glas ist ab Februar möglich, auspflanzen ab Mitte Mai.

Zitronenmelisse; *Melissa officinalis*
Für den Hausgarten empfiehlt sich die Pflanzung mit Jungpflanzenanzucht unter Glas. Aussaat im Februar bis März, auspflanzen im Mai. Direktsaat ist ebenfalls möglich.

Zucchini; *Cucurbita pepo*
In der Regel werden vorgezogene Jungpflanzen gesetzt, doch ist auch eine Direktsaat möglich. Aussaat Anfang bis Mitte Mai, Pflanzung Ende Mai/Anfang Juni. Bei Folgesätzen (letzter Aussaattermin Ende Juni) kann an Ort und Stelle ausgesät werden, wenn der Platz warm und geschützt ist.

Küchen-Zwiebel; *Allium cepa*
Säzwiebelanbau: Direktsaat Anfang bis Ende März in Reihen. Beim Überwinterungsanbau, der nur in wintermilden Klimaten zu empfehlen ist, erfolgt die Aussaat entsprechend zwischen dem 15. und 25. August.

Lauchzwiebelanbau: Direktsaat von Anfang März bis Mitte Mai.

Anbau von Gemüse- bzw. Salatzwiebeln: Vorkultur unter Glas im März bei 14–16 °C, Pflanzung Ende April/Anfang Mai.

Anbau zur Erzeugung von Steckzwiebeln: Aussaat Ende April bis Anfang Mai.

Steckzwiebelanbau zur Gewinnung von Trocken- bzw. Dauerzwiebeln: Stecken der Zwiebeln ab Mitte März bis Ende April.

Winter-Zwiebel; *Allium fistulosum*

Vegetativ vermehren durch Teilung der Pflanzen oder Direktsaat von März bis April. Die nicht winterharten Sorten können satzweise mit Saatterminen ab Anfang März angebaut werden. Für eine kontinuierliche Ernte sind Saattermine im Abstand von zwei Wochen erforderlich, da die Pflanzen im Sommer relativ schnell überständig werden und dann harte Schäfte bekommen.

Service

Weiterführende Literatur

Barlage, Andreas; von Berger, Frank Michael: Das große Buch der Stauden. 1800 Gartenblumen und Gräser von A–Z. 2011. Verlag Eugen Ulmer, Stuttgart.

Bärtels, Andreas: Gehölze von A–Z. 1500 Bäume und Sträucher. 2009. Verlag Eugen Ulmer, Stuttgart.

Bärtels, Andreas: Gehölzvermehrung. Aussaat, Veredlung, Steckholz, Stecklinge. 5. Aufl. 2008. Verlag Eugen Ulmer, Stuttgart.

Feßler, Alfred (Hrsg.); Köhlein, Fritz: Kulturpraxis der Freiland-Schmuckstauden. 1997. Verlag Eugen Ulmer, Stuttgart.

Jelitto, Leo; Schacht, Wilhelm; Simon, Hans: Die Freiland-Schmuckstauden. Handbuch und Lexikon der Gartenstauden. 5. Aufl. 2002. Verlag Eugen Ulmer, Stuttgart.

Kawollek, Wolfgang: Das Ulmer Gartenbuch. 2009. Verlag Eugen Ulmer, Stuttgart.

Götz, Erich; Gröner, Gerhard: Kakteen. Kultur, Vermehrung und Pflege, Lexikon der Gattungen und Arten. 7. Aufl. 2000. Verlag Eugen Ulmer, Stuttgart.

Heistinger, Andrea: Handbuch Samengärtnerei. Sorten erhalten, Vielfalt vermehren, Gemüse genießen. 2. Aufl. 2010. Verlag Eugen Ulmer, Stuttgart.

Kawollek, Marco; Kawollek, Wolfgang: Alles über Pflanzenvermehrung. Methoden, Praxis, Handgriffe. 2008. Verlag Eugen Ulmer, Stuttgart.

Kawollek, Wolfgang: Kübelpflanzen. Südländische Gehölze für die Kultur in Töpfen und Kübeln. 2. Aufl. 1997. Verlag Eugen Ulmer, Stuttgart.

Wachter, Karl; Bollerhey, Herbert; Germann, Theo: Der Wassergarten. 8. Aufl. 2005. Verlag Eugen Ulmer, Stuttgart.

Bildquellen

Alle Abbildungen stammen von den Autoren, außer:

Flubacher, Helmuth: 40, 41, 60, 62, 69, 70, 71, 90

GBA/GPL: 7, 32

Haage, Hans-Friedrich: 132

Haberer, Martin: 64

mauritius images / Garden Picture Library: 2/3

Reinhard, Hans: 18, 154, 170

Reinhard, Nils: 101, 131, 145

Strauß, Friedrich: 77, 91, 94, 95, 104, 113 u., 121, 142, 146

Register

A

Aasblume 134
Abies 59
ablegen 40
abmoosen 41
Abrisse 40
absenken 40
Abutilon 152
Acacia 148
Acalphya hispaniolae 145
Acanthus 74
Acer 47
Achillea 82
Achimenes-Sorten 126
Ackersalat 160
Aconitum 75
Acorus 97
Acroclinium roseum 107
Actinidia 61
Adenium obesum 137
Adiantum 88
Adonis 73
Adonisröschen 73
Aechmea 140
Aeonium 134
Aesculus 53
Agapanthus 152
Agave 148
Agave americana 148
Ageratum houstonianum 146
Aglaonema 123
Ahorn 47
Ailanthus altissima 50
Akazie 148
Akebia quinata 60
Akebie
– Fingerblättrige 60
Akelei 73
Alcea rosea 109
Alchemilla 77
Alisma 96
Allium 93
– *cepa* 167, 168
– *fislulosum* 169
– *sativa* var. *sativa* 161
– *schoenoprasum* var. *schoenoprasum*
Allstromeria 92
Aloe 135
Alpenglöckchen 73
Alpenveilchen 91
– Zimmer- 117
Alyssum montanum 74
Amaryllis belladonna 118
Amberbaum
– Amerikanischer 47
Amelanchier 49
Ammobium alatum 107
Ampelopsis 61
Androsace 80
Andrückbrettchen 10
Anemone 73
Angelikabaum 47
anhäufeln 40
Anis 158
Anisodontea capensis 148
Anthurium 121
Antirrhinum majus 106
Apfel
– Zier- 47
Aprikose 64
– Zier- 56
Aquilegia 73
Arabis 77
Aralia elata 47
Araucaria araucana 57
– *heterophylla* 128
Araukarie 57
Arbutus unedo 149
Argyranthemum frutescens 153
Aristolochia macrophlyla 61
Armeria 78
Arnica montana 73
Arnika
– Echte 73
Aronstab 91
Artischocke
– Wilde 105
Artischocke, Gemüse 158
– Wilde 159
Arum 91
Asclepias 83
Asparagus 126
Aspidistra elatior 126
Asplenium 88
Aster 73
– Berg- 73
– Raublatt- 73
Asteriscus maritimus 147
Astilbe 74
Athyrium filix-femina 88
Aubergine 159
Aubrieta 74
Aucuba japonica 117

Aukube
– Japanische 117
Ausläufer 69
Aussaatgefäße 8
Aussaatvermehrung 13
Avocado 148
Azalee 47
– Indica- 117

B

Banane 148
Bärenklau 74
Bartblume
– Clandon- 47
Bartfaden 74, 104
Basilikum 159
Baumwolle
– Amerikanische 117
Baumwürger
– Rundblättriger 60
Beaucarnea 123
Begonia 117, 143, 144
– Elatior-Hybriden 118
– Lorraine-Hybriden 118
Begonie
– Blatt- 117
– Eis- 143
– Elatior- 118
– Hänge- 117
– Lorraine- 118
– Strauch- 117
Beifuß 159
Belladonnenlilie 118
Bellis perennis 104
Berberis 47
Berberitze 47
Bergenia 74
Bergenie 74
Berg-Steinkraut 74
Besenginster 49
Bienenfreund 104
Billbergia 140
Binsenkaktus 135
Bitterklee 96
Bitterschopf 135
Bitterwurz 74
Blattfahne 118
Blattkaktus 136
Blaugummibaum 149
Blaukissen 74
Blaumohn
– Kalifornischer 74
Blauregen 60
Blaustern 91
Blechnum 88
Bleiwurz
– Kap- 150
Blumenbinse 98
Blutblatt 144
Blutblume
– Reichblühende Frühe 118
Bohne 159
Bohne, Dicke 159
Bohnenkraut 159
Borretsch 159
Bougainvillea 149
Bougainvillee 149
Brachyscome iberidifolia 144
Brandschopf
– Silber- 144
Brasiljasmin 118
Brassica oleracea
– var. *acephala* 105
– var. *botrytis* 161
– var. *capitata* 162
– var. *gemmifera* 162
– var. *gongylodes* 162
– var. *sabauda* 162
– var. *sabellica* 162
Brassica napa subsp. *chinensis* 161
Braut in Haaren 104
Breitsaat 19
Brennender Busch 75
Brokkoli 159
Brombeere 62
Bromeliaceae 112
Bromelien 140
– Aussaat 140
– Kindel 141
Bronzeblatt 75
Brugmansia 149
Brunfelsia pauciflora 118
Brunfelsie 118
Brunnera macrophylla 79
Brutknollen 90
Brutzwiebeln 90
Bubiköpfchen 118
Buche
– Rot- 47
Buchsbaum 48
Buddleja 54
Buntnessel 119
Butomus umbellatus 98
Buxus sempervirens 48

C

Caladium 120
Calamondin 149

Calathea 124
Calceolaria-Hybriden 124
Calceolaria integrifolia 146
Calendula officinalis 107
Calla palustris 98
Callicarpa bodinieri 54
Callistemon 151
Callistephus chinensis 104
Caltha palustris 96
Camassia 93
Camellia japonica 150
Campanula 77
– *isophylla* 144
– *medium* 105
Campsis radicans 61
Capsicum annuum 125
Carlina acaulis 83
Carpinus betulus 50
Caryopteris × clandonensis 47
Castanea sativa 51
Catalpa bignonioides 55
Cedrus 59
Celastrus orbiculatus 60
Celosia argentea
– var. *argentea* 144
– var. *christata* 144
Centaurea 77
– *cyanus* 106
Ceratophyllum demersum 97
Cercidiphyllum japonicum 51
Ceropegia linearis 136
Cestrum elegans var. *elegans* 150
Chaenomeles 56
Chamaecyparis 58
Chamaerops humilis 137
Chicorée 166
Chinafingerhut 119
Chinaschilf 85
Chionodoxa 94
Chlorophytum comosum 121
Christrose 75
Christusdorn 119
Chrysantheme 75
Chrysanthemum 75
Cimicifuga 83
Cinerarie
– Gärtner- 119
Cissus 123
Citrus 18, 149, 151, 152, 153
Clematis 61
Cleome 108
Clerodendrum thomsioniae 124
– *trichotomum* var. *fargesii* 52
Clivia miniata 119
Clivie
– Zimmer- 119
Cobaea scandens 105
Cocos nucifera 138
Codiaeum variegatum 124
Coffea arabica 122
Colchicum 94
Coleostephus 109
Columnea 123
Consolida 107
Convallaria majalis 80
Convolvulus sabatius 147
– *tricolor* 109
Cordyline terminalis 123
Coreopsis 80
Coreopsis tinctoria 106
Cornus 50
Corydalis 93
Corylus 50
– *avellana* 63
Cosmos bipinnatus 108
Cotinus coggygria 52
Cotoneaster 56
Cotyledon 135
Crassula 135
Crataegus 55
Crinum × powellii 92
Crocosmia 93
Crocus 92
Cryptanthus 140
Crysimum cheiri 105
Cucurbita pepo 106
Cuphea ignaea 147
Cycas revoluta 152
Cyclamen 91
– *persicum* 117
Cynara cardunculus 105
Cyperus 128
– *longus* 99
Cytisus 49

D

Dachwurz 75
Dahlia × hortensis 91, 104
Dahlie 91

– Mignon 104
Daphne 54
Dasylirion 126
Delphinium 82
Dendrobium 140
Deutzia 48
Deutzie 48
Dianthus 81
– *barbatus* 107
– *caryophyllus* 107, 146
– *chinensis* 107
Dicentra spectabilis 84
Dickähre
– Gelbe 119
Dickblatt 135
Dickfuß 135
Dickmännchen 75
Dickstamm 135
Dictamnus albus 75
Dieffenbachia 119
Dieffenbachie 119
Digitalis 77
Dill 160
Dimorphotheca 105
Diptam 75
Direktsaat 20
– bei Sommerblumen 100
Doronicum 77
Dorotheanthus bellidiformis 106
Dotterblume
– Sumpf- 96
Douglasie 57
Dracaena 119
Drachenbaum 119
Drehfrucht 119
Dreimasterblume 120
– Garten- 75
Drillsaat 156
Dryopteris 88
Duftsteinrich 104
Dunkelkeimer 21

E

Eberesche 48
Echeveria 135
Echeverie 135
Echinacea purpurea 82
Echinops 79
Edelweiß 75
Efeu 60, 120
Efeuaralie 120
Efeutute 120
– Gefleckte 120
Ehrenpreis 75
Eibe 57
Eiche 48
Eichenfarn 88
Eichhornia 99
Einzelkornaussaat 20
Eisenholz
– Pohutukawa 149
Eisenholzbaum 49
Eisenhut 75
Eisenkraut 144
Elefantenohr 120
Elodea canadensis 99
Endivie, Winter- 160
Engelstrompete 149
Engelsüß 88
Ensete ventricosum 153
Enzian 75
Enzianbaum 149
Epiphyllum 136
Epipremnum 120
Eranthis hyemalis 94
Erbse 160
Erdbeerbaum
– Westlicher 149
Eremurus 94
Erigeron 76
Eriobotrya japonica 153
Erythrina crista-galli 151
Erythronium 92
Eschscholzia californica 105
Essigbaum 49
Estragon 160
Eucalyptus 149
Euonymus 54
– *fortunei* 61
– *japonica* 153
Eupatorium 80
Euphorbia 84, 137
– *marginata* 107
– *milii* 119
– *pulcherrima* 127

F

F1-Hybriden 19
Fackellilie 76
Fagus sylvatica 47
Fallopia baldschuanica 60
Farne
– Freiland- 88
Fatshedera lizei 120
Fatsia japonica 127
Federbuschstrauch 49
Federmohn
– Weißer 76
Feige

– Echte 150
– Kletter- 122
Feinsprühgeräte 10
Feinstrahl 76
Feldsalat 160
Felicia bergeriana 105
Felsenbirne 49
Felsenrose
– Kolibri- 135
Felsenteller 76
Fenchel 160
Fensterblatt 120
Fetthenne 76, 135
Feuer-Bohne 160
Feuerdorn 49
Fichte 57
Ficus 121
– *benjamina* 122
– *carica* 150
Fieberklee 96
Fiederaralie 121
Filipendula 80
Fingerhut 77
Fingerkraut 49, 77
Flamingoblume 121
Flammenblume 81
Flammendes Käthchen 135
Flaschenkürbis 104
Fleißiges Lieschen 144
Flieder 49
Flockenblume 77
Flügelknöterich
– Schling- 60
Forsythia 49
Forsythie 49
Fortunella 151
Fothergilla 49
Frauenfarn
– Wald- 88
Frauenhaarfarn 88
Frauenmantel 77
Freilandgloxinie 91
Fritillaria 92
Froschbiss
– Europäischer 96
Froschlöffel 96
Fruchtkapsel 16
Frühbeet 8
Fuchsia 144
Fuchsie 144
Funkie 77
Fußblatt 121

G

Gaillardia 79, 106
Galanthus 94
Galtonia candicans 94
Gämswurz 77
Gänseblümchen 104
– Blaues 144
Gänsekresse 77
Gardenia augusta 121
Gardenie
– Kap- 121
Gartenaster 104
Gartengloxinie 120
Gasteria 135
Gasterie 135
Gauklerblume 104
Gazania-Sorten 105
Gazanie 105
Gedenkemein 77
Gehölzsamen 34
Geißblatt 49, 60
Geißklee 49
Gelenkblume 77
Gemüse 154
Genista 49
Gentiana 75
Geranie 146
Geranium 84
Geum 81
Ginkgo 57
– *biloba* 57
Ginster 49
Gladiole 92
Gladiolus 92
Glanzgras
– Rohr- 87
Glanzmispel 50
Gleichsaum 121
Gleichstandssaat 157
Gliederkaktus 136
Globularia 79
Glockenblume 77
– Marien- 105
– Stern- 144
Glockenrebe 105
Gloriosa superba 126
Gloxinia sylvatica 121
Gloxinie 121
– Falsche 120
Glyzine 60
Goethea 121
– *strictiflora* 121
Golderdbeere 78
Goldglöckchen 49
Goldkeule 96
Goldkolben 78
Goldkrokus 92
Goldlack 105
Goldlärche 57
Goldregen 50

Goldrute 78
Gossypium hirsutum 117
Götterbaum 50
Granatapfel 150
Graptopetalum bellum 135
Grasnelke 78
Greiskraut
– Silber- 144
– sukkulente Arten 136
Grenadille 125
Grevillea robusta 153
Grübchenfarn 88
Grünkohl 162
Grünlilie 121
Guatemalarharbarber 136
Gummibaum 121
Gurke 160
Gurkenkraut 159
Guzmania 140
Gymnocarpium dryopteris 88
Gypsophila 82
– *elegans* 108

H

Hahnenkamm 144
Hainbuche
– Gewöhnliche 50
Hainsimse 87
Hakenlilie 92
Hamamellis 56
Hammerstrauch
– Roter 150
Harfenstrauch 145
Hartriegel 50
Haselnuss 50, 63
Haworthia 136
Haworthie 136
Hechtkraut
– Herzförmiges 96
Heckenkirsche 49
Hedera 60, 120
Helianthemum 83
Helianthus 83
Helianthus annuus 108
– *bracteatum* 109
– 'Golden Beauty' 147
Heliconia 122
Heliconie 122
Heliopsis helianthoides 83
Heliotrop 150
Heliotropium arborescens 150
Helleborus 75
Helmkraut 122
Hemerocallis 84
Hemlocktanne
– Kanadische 57
Henne mit Küken 122
Hepatica nobilis 80
Heuchera 82
Hibiscus
– *rosa-sinensis* 126
syriacus 53
Himbeere 63
Hippeastrum 126
Hippophae rhamnoides 53
Hippuris vulgaris 98
Holunder 50
Hornblatt
– Raues 97
Hornklee 145
Horstsaat 157
Hortensie 50
– Garten- 122
– Kletter- 61
Hosta 77
Hottonia palustris 99
Hoya 125
Hundszahn 92
Husarenknopf 105
Hyacinthus orientalis 92
Hyazinthe 92
Hydrangea 50
– *anomala* supsp. *petiolaris* 61
– *macrophylla* 122
Hydrocharis morsus-ranae 96
Hypericum 51

I

Iberis 108
– *sempervirens* 83
Igelkolben 97
Ilex 54
Immergrün 51
Impatiens 145
– Neuguinea-Hybriden 145
– *walleriana* 144
Incarvillea delavayii 91
Indianernessel 78
Inkalilie 92
Ipomoea 109
– *lobata* 109
Iresine herbstii 144
Iris 78
– Juno- 78

pseudacorus 98
Ismelia 109

J

Jacarandabaum 150
Jacaranda mimosifolia 150
Jasmin
– Echter 122
– Winter- 61
Jasminum nudiflorum 61
– *officinale* 122
Jatropha podagrica 136
Jerusalemkirsche 124
Jiffy-Pot 9
Johannisbeere
– Rote und Weiße 63
– Schwarze 63
– Zier- 51
Johanniskraut 51
Judenbart 122
Juglans regia 64
Jungfer im Grünen 104
Jungfernrebe 61
– Chinesische 122
Juniperus 59
Justicia brandegeana 122
Justizie
– Garnelen- 122

K

Kaffeestrauch 122
Kaiserkrone 92
Kakteen 130
– Aussaat 130
– Blattstecklinge 134
– Stecklinge flachtriebiger Kakteen 133
Kalanchoe blossfeldiana 135
Kalebasse 104
Kalla 123
Kalmia 51
Kalmus 97
Kamelie 150
Kapaster
– Eisvogel- 105
Kapkörbchen 105
Kaplilie 92
Kappenmohn
– Kalifornischer 105
Kapuzinerkresse 105
– Kanaren- 105
Kapwein 123
Kardy 105
Karotte 164
Kastanienwein 123
Katsurabaum 51
Katzenminze 78
Katzenschwanz 145
Kaukasusvergissmeinicht
– Großblättriges 79
Kegelblume 92
Keimfähigkeit 17
Keimhemmung 35
Keimtemperatur 22
Keimung 21
Kerbel 161
Kerria japonica 52
Kettenfarn 88
Keulenlilie 123
Keulenmohn 79
Kiefer 58
Kindel 112
Kirsche
– Zier- 56
Kirschlorbeer 51
Kiwi 61
Klebsame 151
Kleingewächshaus 7
Kletterpflanzen 60
Klimme 123
Klumpstamm 123
Kniphofia 76
Knoblauch 161
Knollenbegonie 144
Knollenpflanzen 90
Kohl
– Blumen- 161
– China- 161
– Grün- 162
– Rosen- 162
– Weiß- und Rot- 162
– Zier- 105
Kohlrabi 162
Kohl-Rübe 167
Kohleria amabilis 121
Kokardenblume 79, 106
Kokospalme 138
Kolbenbaum 123
Kolbenfaden 123
Kolkwitzia amabilis 51
Kolkwitzie 51
Kolumnee 123
Königsfarn 88
Königskerze 79
Königswein 123
Korallenkaktus 135
Korallenstrauch 124, 151
Korbmaranthe 124
Koriander 163

Kornblume 106
Kranzschlinge
– Madagaskar- 124
Kräuselmyrte 151
Krebsschere 99
Kresse 163
Krokus 92
Kroton 124
Kübelpflanzen 148
Küchenkräuter 154
Kugelblume 79
Kugeldistel 79
Kuhschelle 80
Kulturheidelbeere 63
Kümmel 163
Kumquat 151
Kunigundenkraut 80
Kürbis 163
– Zier- 106

L

Laburnum 50
Lagenaria siceraria 104
Lagerstroemia 151
Laichkraut 97
Lampenputzer-strauch 151
Lampionblume 80
Lantana camara 153
Lanzenrossette 140
Lärche 58
Larix 58
Lathyrus odoratus 109
Laubgehölzsämlinge 38
Lauch 93
Laurus nobilis 151
Lavandula 80
Lavatera trimestris 106
Lavendel 80
Lebendblatt 122
Lebender Stein 136
Lebensbaum 58
Leberbalsam 146
Leberblümchen 80
Leimkraut 80
Lein
– Großblütiger 106
Leontopodium 75
Leptospermum scoparium 151
Lerchensporn 93
Leucanthemum 81
Leuchterblume 136
Leucojum 93
Leucophyta brownii 147
Levkoje 106
Lewisia 74
Leymus arenarius 87
Liatris 82
Lichtkeimer 21
Lichtnelke 80
Liebesblume 152
Liebstöckel 163
Ligularia 78
Ligularie 78
Liguster 51
Ligustrum 51
Lilie 93
– Feuer- 93
– Oster- 93
– Tiger- 93
Lilium 93
Limone 151
Limonium 84
– *bonduellei* 109
– *sinuatum* 109
Linde 51
Linum grandiflorum 106
Liquidambar styraciflua 47
Lithops 136
Lobelia erinus 146
Lobelie
– Blaue 146
Lobularia maritima 104
Löffelkraut 163
Lonicera 49, 60
Lorbeerbaum 151
Lorbeerkirsche
– Portugiesische 51
Lorbeerrose 51
Losbaum 52
Losstrauch
– Kletternder 124
Lotus
– *maculatus* 145
– *berthelotii* 145
Löwenmaul
– Garten- 106
Lunaria annua 107
Lupine
– Vielblättrige 80
Lupinus polyphyllus 80
Luzula 87
Lycianthes rantonnetii 149
Lysichiton americanus 98

M

Macleaya cordata 76
Madagaskarpalme 135
Mädchenauge 80
– Färber- 106

Mädesüß 80
Maggikraut 163
***Magnolia* 52**
Magnolie 52
Mahonia 52
Mahonie 52
Maiglöckchen 80
Mais 163
– Zier- 106
Majoran 163
Malus 47
Malve
– Becher- 106
Mammutbaum 58
Mandarine 151
Mandel 64
– Zier- 56
Mandevilla sanderi 118
Mangold 163
Männertreu 146
Mannsschild 80
Maranta 124
Marante 124
Margerite 81
Markiersaat 157
Marone 51
Märzenbecher 93
Mastixbaum 151
Matteuccia struthiopteris 88
Matthiola incana 106
Mauerpfeffer 76, 135
Meconopsis 79
Medinilla magnifica 124
Medinille 124
Meerlavendel 109
Meerrettich 163
Melampodium paludosum 147
Melone 164
Menyanthes trifoliata 96
Mespilus germanica 52
Metasequoia glyptostroboides 59
Metrosideros excelsa 149
Milchstern 93
Mimosa pudica 126
Mimose der Gärtner 148
Mimulus 104
Mirabilis jalapa 109
Miscanthus 85, 86, 87
Mispel
– Echte 52
Mittagsblume
– Garten- 106
Mohn 81
– Island- 106
Möhre 164
Moluccella laevis 106
Monarda 78
Monstera deliciosa 120
Montbretie 93
Moosfarn 88
Mooskraut 88
Mottenkönig 145
Mummel 97
Musa 148
Muscari 94
Muschelblume 106
Mutterknollen 90
Mutterkraut 81
Myosotis sylvatica 109
Myriophyllum 98
Myrte
– Braut- 124
Myrtus communis 124

N

Nachtkerze 81
Nadelgehölzsämlinge 38
Narcissus 93
Narzisse 93
Nelke 81
– Bart- 107
– Chinenser- 107
– Garten- 107, 146
– Kaiser- 107
Nelkenwurz 81
Nemesia 107
Nemesie 107
Nepeta 78
Nerium oleander 151
Neuseeländer Spinat 164
Neuseelandflachs 151
Neuseelandmyrte 151
Nicotiana alata 109
Nicotiana × sanderae 147
Nigella damascena 104
Nodium 42
Nothofagus antarctica 53
Nuphar 97
Nymphaea 98
Nymphoides peltata 98

O

Oenothera 81
Olea europaea 152
Oleander 151

Olive 152
Omphalodes 77
Onoclea sensibilis 88
Orange 152
Orchideen 138
Oregano 164
Ornithogalum 93
Orontium aquaticum 96
Osmunda 88
Osterglocke 93
Osterkaktus 136

P

Pachyphytum 135
Pachypodium lamerei 135
Pachysandra 75
Pachystachys lutea 119
Paeonia 81
– × *suffruticosa* 54
Palisander 150
Palmen 137
– Aussaat 137
Palmlilie 81, 136
Pantoffelblume 124, 146
Papaver 81
– *nudicaule* 106
Paphiopedilum 138
Papierblümchen
– Rosa 107
Papierblume
– Einjährige 107
Papierknöpfchen 107
Pappel 52
Paprika 165
– Zier- 125
Paradiesvogelblume 153
Parrotia persica 49
Parthenocissus 61
– *henryana* 122
Passiflora 125
Passionsblume 125
Pastinak 165
Pavonia multiflora 125
Pavonie 125
Pelargonie
– Edel- 125
– Efeublättrige 146
– Zonal- 146
Pelargonium grandiflorum 125
– *peltatum* 146
– *zonale* 146
Penstemon 74
Penstemon-Hybriden 104
Peperomia 125
Pericallis × *hybrida* 119
Perlfarn 88
Persea americana 148
Perückenstrauch 52
Petersilie 165
Petunia 147
Petunien 147
Pfeffer 125
– Spanischer 125
Pfefferminze 165
Pfeifenstrauch 52
Pfeifenwinde
– Amerikanische 61
Pfeilkraut 98
Pfeilwurz 124
Pfingstrose 81
– Strauch- 54
Pfirsich 64
– Zier- 56
Pflanzenschutzmittel 23
Pflaume 64
– Zier- 56
Phacelia tanacetifolia 104
Phalaenopsis 138, 140
Phalaris arundinacea 87
Philadelphus 52
Philodendron 125
Phlox 81
– *drummondii* 107
– Einjähriger 107
Phormium tenax 151
Photinia 50
Phragmites australis 98
Physalis alkekengi 80
Physostegia virginiana 77
Picea 57
pikieren 24
Pikierstab 10
Pimpernelle 165
Pinus 58
Piper ornatum 125
Pistacia lentiscus 151
Pittosporum 151
Platane
– Bastard- 52
Platanus × *hispanica* 52
Plectranthus 145
– *scutellarioides* 119
Plumbago auriculata 150
Podocarpus 153

Poinsettie 127
Polygonatum 82
Polypodium vulgare 88
Polyscias 121
Polystichum 88
Pontederia cordata 96
Populus 52
Porree 165
Portulaca grandiflora 10
– *umbraticola* 147
Portulacaria afra 136
Portulak 147
– Gemüse- 165
– Winter- 165
Portulakröschen 107
Porzellanblume 125
Potamogeton 97
Potentilla 49, 77
Prachtscharte 82
Prachtspiere 74
Prärielilie 93
Primel 82
– Becher- 125
– Braut- 125
– Freiland- 147
Primula 82, 147
– *malacoides* 125
– *obconica* 125
Prunkwinde 109
Prunus 56
– *armeniaca* 64
– *domestica* 64
– *dulcis* 64
– *laurocerasus* 51
– *lusitanica* 51
– *persica* 64
Pseudobulbe 138
Pseudolarix amabilis 57
Pseudotsuga menziesii 57
Pulsatilla 80
Punica granatum 150
Purpurglöckchen 82
Purpurglockenwein 126
Puschkinia scilloides 92
Pyracantha 49

Q

Quercus 48

R

Rachenrebe 123
Radicchio 166
Radieschen 166
Ramonda 76
Ranunkelstrauch 52
Rauschopf 126
Rehmannia angulata 119
Reihensaat 20
Rettich 166
Rhabarber 166
Rhapis 137
Rhipsalidopsis gaertneri 136
Rhipsalis 135
Rhodochition atrosanguineus 126
Rhododendron 47
– *simsii* 117
Rhoicissus capensis 123
Rhus 49
Ribes 51
– *nigrum* 63
– *rubrum* 63
– *uva-crispa* 64
Ricinus communis 107
Ringelblume 107
Rippenfarn 88
Rispenfarn 88
Risslinge 68
Rittersporn 82
– Einjähriger 107
Ritterstern 126
Robinia pseudoacacia 52
Robinie 52
Rodgersia 75
Rohrkolben 98
Romneya coulteri 74
Rosa 52
Rose 52
Roseneibisch
– Chinesischer 126
– Echter 53
Rosenkohl 162
Rosmarin 152, 166
Rosmarinus officinalis 152
Rosskastanie 53
Rotdorn 55
Rote Bete 166
Rotkohl 162
Rubus
– *fructicosus* 62
– *idaeus* 63
Rückbulben 139
Rudbeckia 83
– *hirta* 108
Ruhmeskrone 126
Rutenpalme 137

S

Saatfolien 19
Saatkisten 8

Sagittaria 98
Sagopalmfarn
– Japanischer 152
Saintpaulia ionantha 127
Salat, Kopf- 166
Salat, Pflück- 166
Salbei 82, 166
– Einjähriger 107
Salix 55
Salomonssiegel 82
Salvia 82
– -Arten 107
Sambucus 50
Samenernte 13
Samenkauf 17
Samenlagerung 16
Samenreinigung 14
Samtpappel 152
Sanddorn 53
Sandimmortelle 107
Sanvitalia procumbens 105
Saponaria 83
Sauerampfer 167
Saxifraga 83
– *stolonifera* 122
Scabiosa 83
– *atropurpurea* 108
Scadoxus multiflorus subsp. *katherinae* 118
Scaevola saligna 126
Schachblume 92
Schafgarbe 82
Schalotte 167
Schefflera
– *actinophylla* 127
– *arboricola* 127
– *elegantissima* 127
Scheidenblatt 118
Scheinakazie 52
Scheinbuche 53
Scheinkalla
– Gelbe 98
Scheinmohn 79
Scheinrebe 61
Scheinsonnenhut
– Roter 82
Scheinzypresse 58
Schiefteller 126
Schildfarn 88
Schilfrohr 98
Schizanthus × *wisetonensis* 108
Schlangenwurz 98
Schleierkraut 82
– Sommer- 108
Schleifenblume 108
– Immergrüne 83
Schlitzblume 108
Schlumbergera 136
Schlüsselblume 147
Schmetterlingsorchidee 138
Schmuckkörbchen
– Fiederblättriges 108
Schmucklilie 152
Schnee auf dem Berge 107
Schneeball 54
Schneebeere 54
Schneeglöckchen 94
Schneestolz 94
Schnittlauch 167
Schnurbaum
– Neuseeländischer 152
Schönfaden 151
Schönfrucht 54
Schönmalve 152
Schusterkaktus 136
Schusterpalme 126
Schwanenblume 98
Schwarzbeinigkeit 23
Schwarzwurzel 167
Schwertlilie 78
– Sumpf- 98
Schwingel 87
Scilla 91
Scindapsus pictus 120
Scutellaria costaricana 122
Sedum 76, 135
Seekanne
– Gewöhnliche 98
Seerose 98
Seidelbast 54
Seidenpflanze 83
Seifenkraut 83
Selaginella 88
Sellerie 167
Sempervivum 75
Senecio 136
– *cineraria* 144
Sequoiadendron giganteum 58
Siebe 9
Silberblatt 147
– Einjähriges 107
Silberdistel
– Stängellose 83
Silbereiche
– Australische 153

Silberkerze 83
Silberkraut 104
Silene 80
Sinningia speciosa 120
Sinnpflanze 126
Skabiose 83
– Samt- 108
Skimmia japonica 54
Skimmie 54
Solanum pseudocapsicum 124
Soldanella 73
Soleirolia soleirolii 118
Solidago 78
Sommeraster 104
Sommerblumen 100
– auspflanzen 103
Sommerflieder 54
Sommerhyazinthe 94
Sonnenauge 83
Sonnenblume 83
– Gewöhnliche 108
Sonnenhut 83
– Rauer 108
Sonnenröschen 83
Sonnenwende
– Strauchige 150
Sophora tetrapter 152
Sorbus 48
Spaltblume 108
Spaltglocke 126
Sparganium 97
Spargel
– Zier- 126
Sparmannia africana 128
Spathiphyllum 118
Speckbaum 136
Spierstrauch 54
Spinat 167
Spindelstrauch 54
– Japanischer 153
– Kletternder 61
Spinnenpflanze 108
Spiraea 54
Sprosssteckling 26
Stapelia 134
Stauden 65
– Aussaat 66
– Stecklinge 70
– vegetative Vermehrung 68
– Winterstecklinge 72
– Wurzelschnittlinge 69
Stechpalme 54
stecken 27
Steckholz 44
Steckling 26
– Laubgehölze 42
– Nadelgehölze 43
– Pflege 29
Stecklingsschnitt 26
Steck-Rübe 167
Steinbrech 83
Steineibe 153
Stephanotis floribunda 124
Steppenkerze 94
Sternauge 147
Sternbergia lutea 92
Sternjasmin
– Chinesischer 127
Sterntaler 147
Sternwinde 109
Stiefmütterchen
– Garten- 109
Stockrose
– Chinesische 109
Storchschnabel 84
Strahlenaralie
– Kleine 127
– Neukaledonische 127
– Queensland- 127
Strandflieder 84, 109
Strandroggen 87
Stratifikation 36
Stratiotes aloides 99
Strauchmargerite 153
Strauchportulak 136
Straußenfarn
– Europäischer 88
Streifenfarn 88
Strelitzia reginae 153
Strelitzie 153
Streptocarpus-Sorten 119
Strohblume
– Garten- 109, 147
Studentenblume 109
Substrat 12
Sukkulenten 130
– vegetative Vermehrung 132
Sumpfkalla 98
Sumpfpflanzen 95
Sumpfzypresse
– Zweizeilige 58
Symphoricarpos 54
Syngonium 121
Syringa 49

T

Tabak

– Flügel- 109
– Zier- 147
Tagetes 109
Taglilie 84
Tamariske
– Kaspische 55
Tamarix ramosissima 55
Tanacetum 81
Tanne 59
Tannenwedel 98
Tausendblatt 98
Taxodium distichum 58
Taxus 57
Teichrose 97
Tetrastigma voinieria-num 123
Thuja 58
Thunbergia grandi-flora 127
Thunbergie
– Bengalische 127
Thymian 168
Tibouchina urville-ana 153
Tibouchine
– Glänzende 153
Tilia 51
Tillandsia 140
Tolmiea menziesii 122
Tomate 168
Trachelospermum jasmi-noides 127
Tradescantia 120
– × *andersoniana* 75
Tränendes Herz 84
Traubenhyazinthe 94
Trollblume 84
Trollius 84
Trompetenbaum 55
Trompetenwinde
– Amerikanische 61
Tropaeolum peregri-num 105
– *majus* 105
Tsuga canadensis 57
Tulipa 94
Tulpe 94
Tüpfelfarn
– Gewöhnlicher 88
Typha 98

U

Ulme 55
Ulmus 55
Umfallkrankheit 23
Urweltmammut-baum 59
Usambaraveilchen 127

V

Vaccinium corymbo-sum 63
Veltheimia capensis 127
Veltheimie 127
Venusschuh 138
Verbascum 79
Verbena 144
Vergissmeinnicht
– Wald- 109
Vermehrungskrankhei-ten 23
Vermehrungsmethode
– generative 13
– vegetative 26
Vermehrungsorgane 26
Vermehrungssubst-rat 12
Veronica 75
verschulen 38
Versteckblume 140
Viburnum 54
Vinca 51
Viola × wittrockiana 109
Vitis vinifera 64
Vriesea 140

W

Wacholder 59
Wachsblume 125
Waldrebe 61
Waldsteinia 78
Waldsteinie 78
Walnuss 64
Wandelröschen 153
Wasseraloe 99
Wasserdost 80
Wasserfeder
– Europäische 99
Wasserhyazinthe 99
Wasserpest
– Kanadische 99
Wasserpflanzen 95
Wedelia trilobata 147
Weide 55
Weigela 55
Weigelie 55
Weihnachtskaktus 136
Weihnachtsstern 127
Weinrebe 64
Weißdorn 55
Weißkohl 162
Werkzeuge 9
Wicke

- Duft- 109
Wilder Wein 61
Winde
- Dreifarbige 109
- Kriechende 147
Windröschen 73
Winterling
- Kleiner 94
Wirsing 162
Wisteria 60
Wolfsmilch 84, 137
Wollmispel
- Japanische 153
Woodwardia 88
Wucherblume 81, 109
Wunderbaum 107
Wunderblume 109
Wunderstrauch 124
Wurmfarn 88
Wurzelschnittlinge 46
Wüstenrose 137

X

Xanthophthalmum 109
Xeranthemum annuum 107

Y

Ysop 168
Yucca 81, 136

Z

Zantedeschia aethiopica 123
Zaubernuss 56
Zea mays 106
Zeder 59
Zeitlose 94
Zierbanane 153
Ziergräser 85
Zierquitte 56
Zigarettenblümchen 147
Zimmeraralie 127
Zimmerfarne 128
- Ausläufer 129
- Teilung 128
Zimmergewächshaus 8
Zimmerhafer 140
Zimmerhopfen
- Gelber 119
Zimmerlinde 128
Zimmerpflanzen
- Augenstecklinge 114
- aussäen 110
- Blattstecklinge 114
- Brutpflanzen 114, 129
- Stammstecklinge 114
- vegetativ vermehren 112
Zimmertanne 128
Zinnia angustifolia 109
Zinnie 109
Zitrone 153
Zitronenmelisse 168
Zucchini 168
Zwergmispel 56
Zwergpalme
- Europäische 137
Zwergpfeffer 125
Zwiebel, Küchen- 168
Zwiebelpflanzen 90
Zwiebel, Winter- 169
Zypergras 128
- Kastanienbraunes 99

Die in diesem Buch enthaltenen Empfehlungen und Angaben sind vom Autor mit größter Sorgfalt zusammengestellt und geprüft worden. Eine Garantie für die Richtigkeit der Angaben kann aber nicht gegeben werden. Autor und Verlag übernehmen keinerlei Haftung für Schäden und Unfälle.

Bibliografische Information der Deutschen Nationalbibliothek
Die Deutsche Nationalbibliothek verzeichnet diese Publikation in der Deutschen Nationalbibliografie; detaillierte bibliografische Daten sind im Internet über http://dnb.d-nb.de abrufbar.

Wollgrasweg 41, 70599 Stuttgart (Hohenheim)
E-Mail: info@ulmer.de
Internet: www.ulmer.de
Lektorat: Dörte Vieth
Herstellung: Thomas Eisele
Umschlagentwurf: red.sign Anette Vogt, Stuttgart
Satz: pagina, Tübingen
Druck und Bindung: Firmengruppe APPL, aprinta Druck, Wemding
Printed in Germany

ISBN 978-3-8001-7627-4